EL ABC DEL COMUNISMO
(LA TEORÍA BOLCHEVIQUE)

Nikolái
BUJARIN

De lo social 24, serie ensayo

LIBROS CORRIENTES

La traducción ha sido extraída de la realizada en la revista *Asuntos sociales* en 1929. Corrió a Cargo de Ramón Solórzano. En 1970 fue reimpresa en la editorial Grijalbo y en 1977 por Júcar, pese a figurar como traductor de esta última Eduardo Ugarte Blasco. Reproducimos también la nota previa de la edición de Júcar, de cierta utilidad,. Ambas ediciones tenían mermas de texto con respecto al original, mermas que subsanamos además de realizar ciertos cambios al texto, señalados en la 'Nota corriente'.

COLECCIÓN: DE LO SOCIAL, 24, SERIE «ENSAYO»

1.ª EDICIÓN, SEPTIEMBRE DE 2024

Traducción de Ramón Solórzano
© De la edición, Libros Corrientes

ISBN: 978-84-126975-7-5
Depósito legal: M-19962-2024

Impreso en Tórculo Comunicación gráfica [TORCULO.COM]

LIBROSCORRIENTES.ES
LIBROSCORRIENTES.INFO@GMAIL.COM

ÍNDICE

Nota corriente

Antes de declararse comunista conviene saber qué es el comunismo. Aunque suene a boutade no lo es, y es que lo corriente es comenzar a tomar partido por causas de las que se conoce poco o nada, guiado por intuiciones, influencias varias o ideas vagas. Y no sólo a día de hoy. Parece que también los bolcheviques tuvieron que observar este fenómeno, codificándolo como problema. Bujarin fue contundente a este respecto al comienzo del texto que ahora presentamos:

> «Nuestro programa debe de ser conocido en todos sus detalles por todo miembro del partido, pues sólo puede ser miembro del partido el que ha reconocido el programa, es decir, aquel que lo cree justo. [...] Sin conocer nuestro programa nadie puede llegar a ser un comunista verdadero. Todo obrero y campesino pobre consciente debe conocer el programa de nuestro partido. Todo proletario extranjero debe estudiarlo para aprovecharse de las experiencias de la Revolución rusa.»

El presente texto es la respuesta de los comunistas rusos a la carencia de formación ideológica, es un libro de trabajo, para subrayar, anotar, discutir y comprender. Pese a tener más de un siglo no es un «libro de época» sino que es plenamente funcional. En 1919, tras la celebración del VIII Congreso del Partido Bolchevique, Bujarin y Preobrazhenski se decidieron a redactar «el libro de texto inicial de la alfabetización comunista». El libro se dividió en dos partes, una teórica (asumida por Bujarin) y una programática (asumida por Preobrazhenski). Se difundió masivamente en Rusia y en el extranjero en numerosas traducciones, llegando a gentes que poco más sabían del comunismo que lo que habían ido oyendo aquí y allá (que, aunque de seguro no era poco, desde luego no era sistemático), haciendo una tarea pedagógica primaria. Si bien es cierto que el estilo se ve lastrado —cómo no— por las circunstancias (la guerra civil rusa y el proceso de construcción revolucionario) y que conviene tener siempre en consideración para entenderlo el contexto histórico determinado en que las afirmaciones se realizan (como, por lo demás, hay que hacer con todo texto...), la claridad con la que Bujarin expone las ideas marxistas sirve contundentemente de baremo para hacerse una idea clara de en qué consiste ser comunista y en qué no. En las pocas páginas que conforman este libro se explican claramente los lineamientos de las ideas económicas de Marx, el lugar de la clase trabajadora como generadora de valor y del capitalismo como abono del comunismo, el significado de la dictadura del proletariado, de los falsos ídolos del nacionalismo, de la necesidad de una organización de la producción, etc. Ideas sencillas de entender pero mil veces malinterpretadas.

NOTA AL TEXTO DE ESTA EDICIÓN

Con la intención de publicar en un volumen aparte la segunda parte de El ABC del comunismo, la escrita por Preobrazhenski dedicada a explicar el programa bolchevique, hemos añadido un subtítulo al libro que señala que se trata solo de la parte teórica, por lo demás, la más reimpresa desde que apareciera el volumen ruso. Hemos añadido por nuestra parte el Prefacio de la edición rusa, no incluido ni en la edición española de Solórzano ni en las dos inglesas consultadas (las de 1921 y 1922), además de varios fragmentos omitidos, claramente por error, en la edición española. Con el fin de facilitar la comprensión, además de actualizar la ortografía, hemos cambiado sistemáticamente algunos términos de la traducción de Solórzano, no incorrectos pero sí ya caducos, sustituyéndolos por los de uso actualmente extendido.

Nota a la edición de la editorial Júcar

En 1919, cuando Nikolái Ivánovich Bujarin escribió *El ABC del comunismo*, era un hombre joven —había nacido en Moscú en 1888—, pero ya una figura importante dentro del Partido bolchevique, al que pertenecía desde 1906, y con una activa historia dentro de él que incluía cárceles y exilio, un anticipo de lo que sería su fin.

Había vuelto a Rusia, como Lenin, tras la revolución de febrero de 1917 y aquel verano sería elegido para el Comité Central; menos de dos años después, en marzo de 1919, en el Congreso cuyo programa sirve de base a este *ABC*, miembro suplente del Politburó; en 1924, titular. Su brillante carrera tiene especial interés porque, además, Bujarin había estado siempre en la oposición dentro del partido, siendo uno de los animadores constantes de su ala izquierda —ya en la conferencia de Berna de 1915 tuvo sus pequeñas diferencias con Lenin sobre el programa mínimo del partido, posteriormente exageradas por la propaganda oficial de Stalin—, constituyéndose en su cabeza visible durante los primeros meses de la Revolución y el «comunismo de guerra», especialmente durante las discusiones sobre la conveniencia o no de la firma del tratado de paz con Alemania —el tratado de Brest-Litovsk, que fue aceptado— a la que oponía vehementemente la de la necesidad de resistir hasta el estallido de la revolución mundial, que creía inminente. Pese a ello, ya en 1918 sus posiciones, sobre todo en el campo económico, iban aproximándose más a las de la mayoría del Partido y, progresivamente, fue cediendo en su condición de cabeza visible del izquierdismo, sobre todo cuando se abandona la línea más reformista del «capitalismo de estado» leninista ante la situación creada por la guerra civil, y se endurece la línea autoritaria del partido. Posteriormente continuó su carrera, incluyendo puestos fundamentales en la Comintern hasta que, en 1928, comenzó a ser atacado como líder del desviacionismo derechista; en 1929 se le destituyó de sus cargos en la III Internacional y del Politburó, hizo «autocrítica» y conoció una cierta rehabilitación —en 1934 fue elegido miembro suplente del Comité Central— pero estaba sentenciado: en 1937 se renuevan los ataques y, en 1938, es condenado a muerte y ejecutado en cuanto se dicta el veredicto.

Junto a su actuación estrictamente política, Bujarin desarrolló una importante labor ideológica de intelectual, siendo considerado, también desde muy joven, uno de los teóricos fundamentales del partido. Y lo sería aún más, sería virtualmente el teórico oficial bolchevique; en palabras del *Testamento político* de Lenin: «el teórico más valioso y destacado». En 1918 publicó *La economía mundial y el imperialismo* y en 1919 *La economía política del rentista*, ambos escritos en el exilio; en 1918 había editado también un *Programa comunista (bolchevique)* y era director del *Pravda*. En 1920, aparecerá *La teoría económica del período de transición*; en 1921, *Teoría del materialismo histórico. Ensayo popular de sociología marxista*. Y seguirá escribiendo, libros y artículos.

En 1919, cuando escribe en colaboración con Evgeni Preobrazhenski, *El ABC del comunismo*, y en 1920, cuando lo publica, Bujarin está, pues, en pleno ascenso político y en plena actividad creadora, y El ABC le confirma en ambas, porque aunque lo considera obra menor, de mera divulgación, irá siempre unida a su nombre y le dará una enorme popularidad tanta que acabará por ser considerado casi como su único autor, quedando Preobrazhenski un tanto olvidado.

El libro surgió como un análisis complementario del programa adoptado por el VIII congreso del Partido Comunista (bolchevique) de Rusia que tuvo lugar en marzo de 1919. Bujarin y Preobrazhenski vieron la necesidad de elaborar una explicación, una vulgarización del programa, «un texto elemental del conocimiento comunista» para distribuir entre las masas obreras y, entre marzo y octubre, realizan —«a ratos perdidos», dicen— su trabajo que se publicará el año siguiente y se difundirá rápidamente un poco como el «catecismo oficial» de los comunistas internacionales.

No sin motivo: el ABC, aunque tal vez acusando la especial circunstancia del «comunismo de guerra», es un resumen claro, directo y comprensivo de todos los puntos de interés para el partido bolchevique en aquellas circunstancias, de sus opiniones sobre las cuestiones prácticas y teóricas del proceso revolucionario en marcha, y está escrito, además, en el tono ardiente y combativo del momento. Bujarin se ocupó de los capítulos más teóricos, que por eso han resistido mejor el paso del tiempo y mantienen su interés; Preobrazhenski de los más inmediatos, de organización de escuelas, justicia, religión, agricultura, finanzas, etcétera; excepto industria y sanidad, reservados también a Bujarin.

En esta edición se prescinde de las contribu-
ciones de Preobrazhenski para ajustar el texto a la
parte escrita por Bujarin que, desde un punto de
vista teórico, es el verdadero ABC del comunismo
y la forma en que ha sido más frecuentemente di-
vulgado desde su aparición.

Dedicamos este libro al glorioso Partido Comunista, fuerte como el acero, que encarna toda la grandeza y poder de la clase proletaria, a su heroísmo, a la claridad de su conciencia de clase, a su odio a muerte contra el capitalismo, a sus esfuerzos inauditos por crear una sociedad nueva.

Se lo dedicamos al Partido que manda un ejército de millones, que viven y mueren en las trincheras; que administra un estado inmenso; qué acarrea leña en sus «sábados comunistas», que prepara el gran domingo de la humanidad.

Se lo dedicamos a las viejas guardias del Partido, curtidos en las luchas y en las victorias, y a los jóvenes vástagos comunistas, a quienes corresponde dar fin a nuestra obra.

A los luchadores y mártires del Partido caídos en los muchos frentes, que han muerto torturados, que han muerto en las prisiones, a los que, por la causa del Partido, nuestros enemigos fusilaron y ahorcaron, dedicamos este libro.

PREFACIO

El ABC del comunismo debería ser, según nuestra idea, el libro de texto inicial de la alfabetización comunista. La experiencia diaria de propagandistas y agitadores nos ha convencido de que hay una tremenda necesidad de tal «libro de texto». Cada vez se unen más a nuestras filas. Las capacidades de instrucción son extremadamente escasas y no hay manuales ni siquiera para instituciones como las escuelas del Partido. La vieja literatura marxista, como el «Programa de Erfurt», obviamente no es útil en gran parte, y es muy difícil encontrar respuestas a nuevas preguntas: todo está disperso en distintas revistas, libros y panfletos. Hemos decidido llenar este vacío. Consideramos nuestro «ABC» como un curso elemental que debe seguirse en las escuelas del Partido; pero hemos tratado de escribirlo de tal manera que cualquier obrero o campesino que desee familiarizarse con el programa de nuestro Partido pueda leerlo por sí mismo. Todo camarada que tome el libro en sus manos debe leerlo hasta el final para hacerse una idea de los objetivos y tareas del comunismo. Porque el libro está escrito de tal manera que las afirmaciones están dispuestas en el mismo orden que en el texto del propio programa. Al final, para comodidad de los lectores, se adjunta también este texto, que está dividido en párrafos; a cada párrafo del programa corresponden varios párrafos explicativos del libro, que se señalan aquí. Para diversos tipos de referencia hay un índice, mediante el cual es fácil encontrar la palabra necesaria. La información básica está impresa en caracteres normales; las explicaciones más detalladas, ejemplos, cifras, etc.

están impresas en caracteres pequeños. Se trata sobre todo de material para los compañeros de trabajo que tienen que hablar por sí mismos y no disponen de tiempo o lugar para hacer una consulta rápida sobre los hechos. Para quienes deseen ir más allá, se indica la bibliografía principal de cada capítulo.[1] Los autores saben muy bien que el libro tendrá muchas carencias; se ha escrito a trozos, «en tiempos muertos». Los comunistas tienen que hacer su trabajo literario en condiciones inusuales, y en este sentido este libro es un ejemplo curioso: el manuscrito estuvo a punto de morir (junto con ambos autores) en una explosión en el Comité de Moscú... Pero, a pesar de las deficiencias del libro, seguimos considerando necesario publicarlo de la manera más apresurada. Sólo pedimos a los camaradas que nos den sus instrucciones, cosa que la práctica les incitará a hacer. Toda la parte teórica (primera), el comienzo de la segunda, así como los capítulos sobre el poder soviético, sobre la organización de la industria y la salud pública, fueron escritos por Bujarin, los capítulos restantes por Preobrazhenski. Pero huelga decir que ambos somos plenamente responsables el uno del otro. El título de nuestro libro («ABC») deriva de la tarea que nos propusimos. Si nuestro libro ayuda a los nuevos camaradas y a los obreros-propagandistas, consideraremos que no hemos hecho este trabajo en vano.

BUJARIN y PREOBRAZHENSKI,
Moscú, 15 octubre de 1919

1 Por desgracia, y pensando más en la función de «panfleto» que de «libro de texto», estos anexos han sido omitidos de la presente edición que, hay que recordar de paso, también prescinde de la parte programática, encargada a Preobrazhenski, dejando solo la más estrictamente teórica, a cargo de Bujarin. [Nota corriente]

INTRODUCCIÓN: NUESTRO PROGRAMA

1. ¿QUÉ ES UN PROGRAMA?

Todo partido se propone determinados fines, lo mismo un partido de latifundistas o capitalistas que un partido de obreros y campesinos. Es, pues, necesario que cada partido tenga objetivos precisos, porque de lo contrario pierde el carácter de partido. Si se trata de un partido que represente los intereses de los latifundistas, se propondrá la defensa de los latifundistas: buscando los medios de mantener la propiedad de la tierra, de someter a los campesinos, de vender el grano a los precios más altos posibles, de elevar la renta y de procurarse obreros agrícolas pagados con jornales ínfimos. Igualmente, un partido de capitalistas, de industriales, tendrá sus objetivos propios: obtener la mano de obra barata, ahogar toda protesta de los obreros industriales, buscar nuevos mercados en los que puedan vender las mercancías a precios elevados, obtener grandes ganancias, para lo cual aumentar las horas de trabajo, y sobre todo, crear una situación que quite a los trabajadores toda posibilidad de aspirar a un orden social nuevo; los obreros deben vivir con el convencimiento de que siempre ha habido patronos y que continuarán existiendo mientras exista el hombre. Estos son los objetivos de los industriales. No cabe duda que, naturalmente, los obreros y los campesinos tienen objetivos bien distintos, por ser distintos sus intereses. Un proverbio ruso dice: «Lo que conviene al ruso es mortal para el alemán». La siguiente variante sería muy apropiada. «Lo que al obrero conviene es mortal para el capitalista.» Esto significa que el trabajador tiene un fin, el capitalista otro y el latifundista otro. Pero no todos los propietarios se ocupan asiduamente de sus intereses. Más de uno vive en la holganza y en la francachela, sin siquiera tomarse la molestia de revisar las cuentas que le presenta el administrador. Pero también hay muchos obreros y campesinos llenos de despreocupación y apatía. Estos se dicen: «De una manera o la otra conseguiremos ir viviendo, y lo demás, ¿qué nos importa?; así han vivido nuestros antepasados y así seguiremos viviendo nosotros». A esta clase de gente le tiene todo sin cuidado y no comprende ni aun sus propios intereses. Pero los que se preocupan de hacer valer del modo mejor sus intereses se organizan en un partido. Al partido no pertenece la totalidad de la clase, sino sólo la fracción más enérgica y mejor, que es la que guía a toda la restante. En el partido de los trabajadores (el partido de los comunistas bolcheviques) están afiliados los mejores obreros y campesinos. En el partido de los latifundistas y capitalistas (cadetes)[2] están afiliados los capitalistas y latifundistas más enérgicos y sus servidores: abogados, profesores, oficiales, generales, etc. Todo partido comprende la parte más consciente de aquella clase cuyos intereses representa. Un latifundista o capitalista, organizado en un partido, combatirá a sus campesinos o trabajadores con mayor eficacia que otro no organizado. Del mismo modo, un obrero organizado luchará contra el capitalista o latifundista con mayor éxito que uno no organizado, siendo la razón de esto el que él tiene conciencia de los

---

2 Así llamados de Ka De (nombre que tienen en ruso las iniciales K. D. del Partido Constitucional Democrático) (N. del T.)

intereses y de la finalidad de la clase obrera, y conoce los métodos más eficaces y rápidos para conseguirla.

El conjunto de los objetivos que se propone un partido en la defensa de los intereses de la propia clase forma el programa de este partido. Las aspiraciones de una clase dada, están formuladas en el programa. El programa del partido comunista contiene las aspiraciones de los obreros y de los campesinos pobres. El programa es la cosa más importante para todo partido. Siempre se puede saber del programa de cualquier partido los intereses que representa.

2. Cuál era nuestro antiguo programa

Nuestro programa actual fue aprobado en el VIII Congreso del partido, a fines de marzo de 1919.

Hasta entonces carecíamos de un programa bien definido y formulado. Teníamos tan sólo el antiguo programa que fue elaborado en el II Congreso en 1903. En aquella época los bolcheviques y los mencheviques formaban un partido único y, por tanto, tenían un programa común. Entonces la clase obrera comenzaba apenas a organizarse. Las fábricas y las oficinas eran raras. El porvenir de la clase obrera era muy discutido. Los «narodniki»[3] (los precursores del actual partido de los socialrevolucionarios) sostenían que la clase obrera en Rusia no tenía ninguna posibilidad de desarrollo pues el número de nuestras fábricas y oficinas no aumentaría. Los socialdemócratas marxistas (es decir, los actuales bolcheviques y mencheviques) eran, por el contrario, de la opinión

3 Es decir, miembros del partido de la Narodnaia Vólüa (voluntad popular). (N. del T.)

de que en Rusia, como en todos los demás países, sería una vez desarrollada, el elemento revolucionario primordial. La Historia desmintió la opinión de los «narodniki» y dio la razón a los socialdemócratas.

Mas en la época en que los socialdemócratas, cuando en el II Congreso elaboraron su programa (elaboración en la que participaron tanto Lenin como Plejánov), las fuerzas de la clase obrera eran demasiado exiguas. Por eso nadie pensaba en la posibilidad de poder derrocar de un golpe a la burguesía. Se vislumbraba tan sólo la posibilidad de derrocar el zarismo, de conquistar la libertad de organización de los obreros y campesinos, de obtener la jornada de ocho horas y cortar un poco las garras a los latifundistas. Pero nadie pensaba todavía en poder instaurar un gobierno de la clase obrera y expropiar inmediatamente las fábricas y las oficinas de la burguesía. Tal era nuestro antiguo programa de 1903.

3. NECESIDAD DE FORMULAR UN NUEVO PROGRAMA

Desde aquella época a la revolución de 1917 han transcurrido muchos años, y las condiciones han cambiado notablemente. La gran industria en Rusia ha tenido un desarrollo enorme, y con ella la clase obrera. Ya en la revolución de 1905 ésta se manifestó como elemento potente. Cuando llegó la segunda revolución se vio claramente que la revolución no podía vencer sin la victoria de la clase obrera. Pero ahora la clase trabajadora no podía contentarse con lo que en 1905 la hubiera bastado, pues se había hecho lo suficiente fuerte para poder tener la pretensión de apoderarse de las fábricas, conquistar el poder y suprimir a la clase capitalista. La razón de ello es que las condiciones internas de Rusia, desde la formulación del primer programa, habían cambiado fundamentalmente. Y lo que es más importante, también las condiciones externas habían sufrido un cambio profundo. En el 1905 reinaba en toda Europa «la paz y la tranquilidad». Por el contrarío, en 1917 estaba claro para toda persona inteligente que de las entrañas de la guerra mundial debía surgir la revolución mundial. A la revolución rusa del 1905 sólo sucedió un débil movimiento de los obreros austriacos y convulsiones en los países atrasados de Oriente: en Persia, en Turquía y en China. En cambio, la revolución rusa de 1917 ha sido seguida, no sólo de la revolución en Oriente, sino también en Occidente, donde la clase obrera ha emprendido la lucha para el aniquilamiento del capital. Vemos que actualmente las condiciones internas y externas son completamente diferentes de las del año 1903, y, por tanto, sería absurdo que el partido de la clase obrera mantuviese en 1917-1919 el viejo programa de 1903.

Cuando los mencheviques nos echaban en cara el renegado de nuestro antiguo programa, y por lo mismo de la doctrina de Karl Marx, les respondíamos que, según la doctrina de Marx, los programas no salen de los cerebros, sino que los plasma la vida. Cuando la vida ha cambiado profundamente, tampoco puede el programa permanecer el mismo. En invierno se usan las pieles. En verano sólo un loco llevaría una piel. Lo mismo ocurre en política. El mismo Karl Marx es quien nos ha enseñado a tener en cuenta las condiciones históricas contingentes y a obrar en correspondencia. Esto no quiere decir que debamos cambiar de convicciones como una señora se muda de guantes. El objetivo primordial de la clase obrera es la realización del orden social comunista. Este es el objetivo constante e inmutable de la clase trabajadora. Se comprende que, según la distancia a que ésta se encuentra de esta meta, variarán sus reivindicaciones inmediatas. Durante el régimen autocrático la clase obrera debía actuar en secreto, dado que su partido era perseguido como una asociación de delincuentes. Ahora la clase obrera está en el poder, y su partido es el partido gobernante. Sólo una persona anormal pretendería que el programa de 1903 fuera todavía válido. El cambio de las condiciones internas de la vida política rusa, aparte del cambio de toda la situación internacional, ha provocado la necesidad de un cambio de programa.

4. Importancia de nuestro programa

Nuestro programa (de Moscú) es el primer programa de un partido de la clase obrera en el poder. Por esta razón nuestro partido tenía que concretar en él todas las experiencias adquiridas por la clase obrera en la administración y constitución de un nuevo edificio social. Esto tiene importancia, no sólo para nosotros, los obreros y campesinos rusos, sino también para los compañeros extranjeros. No sólo nosotros aprendemos con nuestros éxitos y nuestros fracasos, con nuestros errores y nuestras culpas, sino la totalidad del proletariado internacional. Por eso nuestro programa no contiene únicamente lo que nuestro partido tiene el propósito de realizar, sino también lo que en parte ya han realizado. Nuestro programa debe de ser conocido en todos sus detalles por todo miembro del partido, pues sólo puede ser miembro del partido el que ha reconocido el programa, es decir, aquel que lo cree justo. Pero esto no es posible si no lo conoce. Es cierto que hay mucha gente que sin jamás haber visto un programa se insinúa en el partido comunista para obtener alguna ventaja y para ocupar algún puesto. A éstos no los queremos por nocivos. Sin conocer nuestro programa nadie puede llegar a ser un comunista verdadero. Todo obrero y campesino pobre consciente debe conocer el programa de nuestro partido. Todo proletario extranjero debe estudiarlo para aprovecharse de las experiencias de la revolución rusa.

5. CARÁCTER CIENTÍFICO DE NUESTRO PROGRAMA

Ya hemos dicho que un programa no debe ser el producto artificial de una mente, sino que se debe extraer de la misma vida. Antes de Marx muchos defensores de la clase obrera habían trazado cuadros encantadores del paraíso futuro, pero ninguno se había preguntado si era éste alcanzable y cuál era el camino que a él conducía. Marx siguió un método totalmente distinto. Partió de un escrupuloso examen del orden malo, injusto y bárbaro que hasta entonces regía en todo el mundo. Marx examinó el orden social capitalista con la objetividad y la precisión con que se examina un reloj o una máquina cualquiera. Supongamos que examinando un reloj nos encontramos con que dos ruedas no engranan bien y que en cada vuelta nueva se incrusta cada vez más una en la otra. En este caso podemos vaticinar que las ruedas se pararán y dejará de funcionar todo el reloj. Marx no examinó un reloj, sino el sistema capitalista, estudió la vida social tal como se presenta bajo la dominación del capital. De este estudio sacó la conclusión de que el capital se cava su propia fosa, que esta máquina se destruirá, precisamente por la fatal sublevación de los trabajadores, que transformarán todo el mundo según su voluntad. Marx recomendó a todos sus discípulos que estudiasen en primer lugar la vida en sus manifestaciones reales. Sólo así es posible formular un programa verdadero. Por esto es natural que nuestro programa comience con una exposición del dominio del capital.

Ahora en Rusia el dominio del capital se ha derrumbado. Las previsiones de Karl Marx se presentan ante nuestros ojos. La vieja sociedad se va yendo a pique. De las cabezas de los emperadores y de los reyes van cayendo las coronas. En todos los países los obreros se preparan para la revolución y la instauración del poder de los sóviets. Para comprender cómo se ha llegado a esto es menester conocer con exactitud cómo está constituido el orden capitalista. Entonces veremos que éste tiene inevitablemente que morir. Y cuando hayamos reconocido que no se puede volver atrás, que la victoria del proletariado es segura, continuaremos con mayor energía y seguridad la lucha por la nueva sociedad del trabajo.

Capítulo I: EL ORDEN SOCIAL

6. Economía mercantil

Si consideramos de cerca la economía tal como se ha desenvuelto bajo la dominación del capitalismo, vemos como punto principal que se producen mercancías. Alguien podría preguntarnos: ¿Y esto qué tiene de particular? Lo particular es que la mercancía no es un producto cualquiera, sino un producto destinado al mercado.

Un producto no es mercancía cuando se produce para el consumo propio. Cuando el labrador siembra el grano, lo siega, lo lleva a la era, lo muele y cuece después el pan para sí y su familia, este pan no es una mercancía, sino simplemente pan.

Se convierte en mercancía cuando se vende y se compra; es decir, cuando se produce para el mercado, para ser propiedad del comprador. En el régimen capitalista todos los productos están destinados al mercado, convirtiéndose, por tanto, en mercancía todos.

Generalmente cada fábrica, cada hacienda y cada taller produce una cosa sola, y todo el mundo comprenderá que esta mercancía no puede ser destinada al consumo propio. El propietario de una empresa de pompas fúnebres que dirige una oficina de cajas mortuorias, ciertamente que no produce estas cajas para sí y sus familiares, sino para el mercado. El fabricante de aceite de ricino, aunque sufriera diariamente disturbios gástricos, sólo podría consumir una ínfima parte del aceite que

produce. Lo mismo pasa con todos los demás productos en la sociedad capitalista.

Los millones de botones que se producen en una
fábrica de esta especialidad no están destinados a los
pantalones del propietario, sino al mercado. Todo lo
que se produce en la sociedad capitalista es destinado al mercado, donde afluyen guantes y salchichas,
libros y cordones de botas, máquinas y licores, panes,
fusiles, en una palabra, todo lo que se produce.

La condición previa de la economía mercantil es
necesariamente la propiedad privada.

El artesano y el maestro de taller que produce
mercancías posee su laboratorio y sus utensilios;
el industrial y el propietario de oficina, su fábrica
y oficina con todos los enseres, máquinas y otros
objetos. La propiedad privada y la economía mercantil van siempre acompañadas de la lucha por
el comprador, de la competencia entre los vendedores. Cuando todavía no existían industriales,
propietarios de talleres y grandes capitalistas, sino
únicamente artesanos trabajadores, también éstos
luchaban entre sí por el comprador, y aquel artesano que era más fuerte y más hábil, que poseía
mejores útiles, y, sobre todo, que había ahorrado
un pequeño capital, hacía carrera, conquistaba la
clientela, arruinaba a los otros artesanos y se hacía
una fortuna. La pequeña propiedad productora y
la economía mercantil basada sobre aquélla conte-
nían en sí el germen de la gran propiedad, y eran
la causa de la ruina de muchos.

La primera característica del orden social capitalista es la economía mercantil, o sea una economía
que produce las cosas para el mercado.

7. MONOPOLIO DE LOS MEDIOS DE PRODUCCIÓN EN PROVECHO DE LA CLASE CAPITALISTA

Para caracterizar el capitalismo no basta señalar únicamente la particularidad de la economía mercantil. Puede haber una economía mercantil sin capitalistas, como, por ejemplo, en la economía del artesano. El artesano trabaja para el mercado y vende sus productos, siendo por tanto, mercancías sus productos, y toda su producción es una producción de mercancías. A pesar de esto, esta producción mercantil no es todavía una producción capitalista, sino simplemente producción de mercancías. Para que esta simple producción se transforme en producción capitalista es necesario que, por una parte, los medios de producción (utensilios, máquinas, terrenos etc.), se conviertan en propiedad de una pequeña clase de ricos capitalistas, y por otra parte, que infinidad de artesanos y campesinos independientes se transformen en obreros.

Hemos visto que la simple economía mercantil lleva en sí el germen de la ruina de unos y el enriquecimiento de otros. He aquí esto convertido en realidad. En todos los países los artesanos y los pequeños maestros pobres, después de haber vendido hasta el último utensilio de trabajo, han ido a la ruina, sobre todo el maestro que no poseía apenas más que sus propios brazos. En cambio, aquellos que eran un poco ricos se hicieron más ricos aún, agrandaron sus talleres, adquirieron mejores pertrechos y más tarde hasta máquinas, comenzaron a dar ocupación a muchos obreros, y de esta forma se convirtieron en fabricantes.

Todo lo necesario para la producción —las fábricas, las materias primas, los depósitos, las minas, las líneas férreas, los buques, etc.— pasó gradualmente a las manos de estos ricos. Todos estos medios de producción llegaron a ser propiedad exclusiva de la clase capitalista (o como se suele decir, «monopolio» de la clase capitalista). Un exiguo número de ricos lo domina todo. La mayoría de los pobres no poseen otra cosa sino la propia fuerza de trabajo. Este monopolio de la clase capitalista sobre los medios de producción es la segunda característica del orden social capitalista.

8. EL TRABAJO ASALARIADO

La numerosa clase de hombres que han quedado sin propiedad alguna se ha transformado en una clase de trabajadores asalariados del capital. ¿Qué otra cosa podía hacer el campesino y el artesano empobrecido? No les quedaba más que dos caminos: o entrar al servicio del gran propietario de tierra, o ir a la ciudad para ingresar como asalariado en una fábrica o taller. Este fue el proceso de desarrollo del trabajo asalariado, o sea la tercera característica del orden capitalista.

En realidad, ¿en qué consiste el trabajo asalariado? En otros tiempos, cuando aún existía la esclavitud, se podía adquirir por compraventa trabajadores. Hombres de carne y hueso eran propiedad del patrón. El patrón apaleaba hasta la muerte al esclavo con la misma naturalidad que rompía una silla o un cacharro durante la borrachera. El esclavo y el siervo de la gleba eran sencillamente un objeto. Los antiguos romanos dividían la propiedad necesaria para la producción en «medios de trabajo mudos» (objetos), «medios de trabajo semiparlantes» (bestias de trabajo, ganado, etc.), y «medios de trabajo parlantes» (esclavos). El esclavo era un medio de trabajo de la misma clase que la azada y el buey, que podía el amo vender, comprar o destruir.

En el trabajo asalariado, el hombre por sí no es comprado ni vendido. No se le compra o vende, sino únicamente su fuerza de trabajo, su capacidad productora. El obrero asalariado personalmente es libre; el industrial no puede apelarlo ni venderlo ni cambiarlo a un amigo por un perro de caza, como era posible en los tiempos de servidumbre. En cambio al obrero se le paga un jornal. A primera vista parece que el capitalista y el obrero son igualmente libres. «Si no quieres trabajar, no trabajes, nadie te obliga a ello», dicen los señores capitalistas. Creen además, que mantienen a los obreros al darles trabajo.

La verdad es que los trabajadores y los capitalistas no están en el mismo plano de libertad. Los obreros son encadenados mediante el hambre. El hambre les obliga a asalariarse, es decir, a vender su fuerza-trabajo. El obrero no tiene otra salida. Con las manos sólo no se puede producir nada. ¡Intentad sin máquinas fundir el acero, fabricar tejidos o construir vagones! Siendo, además, toda la tierra propiedad privada, es imposible fijar la residencia en cualquier lugar para implantar una hacienda agrícola. La libertad que tiene el obrero de vender su fuerza productora y la libertad del capitalista de comprarla, la igualdad del capitalista y del obrero, no es más que una cadena de hambre que obliga al obrero a trabajar para el capitalista.

La esencia del trabajo asalariado consiste en la venta de la mano de obra, o sea en la transformación de la fuerza-trabajo en mercancía. En la primitiva economía mercantil, de la que hemos tratado, se podía encontrar en el mercado leche, pan, tejidos, zapatos, etc., pero no mano de obra. La mano de obra no se ponía a la venta. El propietario de ésta, el artesano, poseía, además, un taller y sus útiles. Trabajaba personalmente, dirigía su economía productora, empleaba su propia fuerza-trabajo en su hacienda propia.

En el régimen capitalista las cosas son bien diferentes. El que trabaja no posee medios de producción, no puede emplear la propia fuerza-trabajo en la hacienda propia. Si no quiere morir de hambre tiene que vender su fuerza-trabajo al capitalista.

Al lado del mercado donde se vende algodones, queso o máquinas, se constituye el mercado de la mano de obra, al que acuden los propietarios, es decir, los obreros asalariados, a vender su fuerza-trabajo. La economía capitalista se distingue de la economía mercantil primitiva en el hecho de que en la economía capitalista hasta la misma fuerza-trabajo se convierte en mercancía.

La tercera característica de orden social capitalista es el trabajo asalariado.

9. LAS CONDICIONES DE PRODUCCIÓN CAPITALISTA

La esencia del orden capitalista se deduce de las tres características siguientes: producción para el mercado (producción de mercancías)-, monopolio de los medios de producción en provecho de la clase capitalista; trabajo asalariado, o sea el trabajo basado en la venta de la mano de obra.

Todas estas características están ligadas con el problema de determinar en qué relaciones recíprocas están los hombres en la producción y distribución de los productos. ¿Qué significan las expresiones «economía mercantil» o «producción para el mercado»?

Significa que los hombres producen unos para otros, pero nadie produce sabiendo antea a quién venderá su mercancía. Tomemos como ejemplo al artesano A y al campesino B. El artesano A lleva las botas que ha producido al mercado, y con el dinero que obtiene compra pan a B. A, al ir al mercado no sabía que iba a encontrarse allí con B y B tampoco esperaba encontrarse a A. Tanto el uno como el otro simplemente se encaminaron al mercado. Cuando A compró el pan a B y B las botas de A, parecía como si B hubiera trabajado para A, y viceversa, A para B.

El movimiento del mercado oculta el hecho de que ellos trabajan realmente el uno para el otro. En la economía mercantil los hombres trabajan los unos para los otros, pero de modo inorgánico e independiente, sin darse cuenta de que en realidad el uno depende del otro. De aquí que la función de los hombres en la producción mercantil está distribuida de un modo determinado, y los hombres están en relaciones determinadas los unos con los otros. Es, pues, este el problema de las relaciones recíprocas entre los hombres.

Cuando se habla de «monopolio de los medios de producción» o de «trabajo asalariado» nos referimos a las recíprocas relaciones de los hombres. ¿Pues qué significa de hecho esta «monopolización»? Significa que los hombres pueden producir mercancías con la condición de que los productores trabajen con medios de producción pertenecientes a otros y que los productores estén sometidos a los propietarios de estos medios de producción, etc., es decir, que se trata de las recíprocas relaciones entre los hombres en el curso de la producción. Estas relaciones recíprocas de producción se llaman relaciones de producción.

No es difícil comprender que las relaciones de producción no siempre han sido iguales. En los tiempos remotos los hombres vivían en pequeñas comunidades, todos trabajaban juntos como camaradas (iban de caza, pescaban, cogían frutas y raíces), y después repartían todo entre ellos. Esta es una fórmula de relaciones de producción. En los tiempos de la esclavitud existían otras relaciones de producción. En el régimen capitalista nuevamente otras, etc. Por tanto, existen diversos géneros de relaciones de producción. Estos géneros de relaciones de producción son lo que comúnmente se llama estructura económica de la sociedad o sistema de producción. «Las relaciones de producción capitalista» o, lo que es lo mismo, «la estructura capitalista de la sociedad», o «el sistema de producción capitalista», no son otra cosa sino las relaciones entre los hombres en la economía mercantil, en la posesión monopolizada de los medios de producción entre un pequeño número de capitalistas y el trabajo asalariado de la clase obrera.

10. La explotación de la clase trabajadora

Aquí surge la pregunta: ¿qué motivos tiene la clase capitalista para emplear obreros? Todo el mundo sabe que esto pasa, no porque los industriales quieran dar de comer a los obreros hambrientos, sino para sacar de ellos un provecho. Por la ganancia el industrial hace construir su fábrica, por la ganancia toma obreros, por la ganancia busca una clientela buena. La ganancia es la médula de todas sus acciones. En esto se manifiesta su rasgo característico de la sociedad capitalista. En ella no produce la sociedad lo que quiere y le es útil, sino la clase capitalista obliga a los trabajadores a producir lo que puede ser vendido en mejores condiciones, lo que da una mayor ganancia. El aguardiente, por ejemplo, es un licor nocivo. El alcohol debía producirse sólo para usos técnicos o medicinales. Sin embargo, vemos que los capitalistas de todo el mundo cultivan esta producción, por la sencilla razón de que del alcoholismo del pueblo se pueden obtener enormes ganancias.

Para darnos perfecta cuenta de cómo se forma la ganancia, examinemos la cuestión desde más cerca. El capitalista recibe la ganancia en forma de dinero que ha obtenido con la venta de la mercancía producida en su fábrica. ¿Cuánto dinero recibe por su mercancía? Esto depende del precio de la misma. Tenemos, pues, planteado el problema: ¿cómo se determina este precio? ¿Por qué el precio de una mercancía está alto, mientras el de otro bajo? Es cosa fácil de comprender que cuando en cualquier industria se introducen nuevas máquinas y, por tanto, el trabajo se hace mucho más productivo, los precios de las mercancías bajan. Viceversa, si la producción se obstaculiza y el trabajo se hace menos productivo, es decir, sí se producen menos mercancías, el precio de éstas aumenta.[1]

1 Hablamos aquí del cambio de los precios, haciendo abstracción de la moneda y del hecho de existir poca o mucha moneda, moneda en oro o papel. Estas oscilaciones de los precios pueden ser muy grandes, pero éstas se mantienen igualmente para todas las mercancías; por tanto, no explica la diferencia de los precios de las mercancías.

Si la sociedad emplea mucho trabajo para producir una mercancía determinada, el precio de esa mercancía será alto; si se emplea poco trabajo, el precio será bajo. La cantidad del trabajo social empleado en la producción de una mercancía determinada, dado un nivel técnico medio (esto es, ni con las peores ni con las mejores máquinas), determina el precio de esta mercancía. Ahora veremos cómo el precio está determinado por el valor. En la práctica el precio es, o bien superior o inferior al valor; pero, para mayor claridad, supongamos que sea igual.

Hablamos antes del empleo de obreros. El empleo de obreros no es más que la compra de una mercancía especial llamada «mano de obra». La mano de obra transformada en mercancía tiene todos los caracteres de cualquier otra mercancía. Un proverbio ruso dice: «Si has cogido setas tienes que ir a la cesta.» Cuando el capitalista emplea al obrero le paga el precio de su fuerza-trabajo (o más claro, su valor). ¿Cómo se determina este valor? Hemos visto que el valor de todas las mercancías lo determina la cantidad de trabajo que ha sido necesario para la producción de la mercancía. Igual pasa con la fuerza-trabajo. ¿Pero qué se entiende por producción de la fuerza-trabajo? La fuerza-trabajo no se produce en una fábrica como se produce una tela, el betún para las botas y cualquier otra mercancía.

Entonces, ¿cómo tenemos que entender esto? Basta considerar la vida actual en el régimen capitalista para comprender de qué se trata. Supongamos que los obreros en este momento han cesado de trabajar. Están agotados por el cansancio, sus energías acabadas. La fuerza-trabajo de ellos está casi extinguida. ¿Qué se necesita para restaurarla? Comer, reposarse, dormir, en una palabra, volver a dar vigor al organismo para restaurar de este modo las fuerzas. Sólo con esto readquieren la facultad de trabajar, su capacidad productora, la restauración de la fuerza-trabajo. La nutrición, la vestimenta, el alojamiento, en suma, la satisfacción de las necesidades del obrero representa la producción de la fuerza-trabajo. A esto hay que añadir otras cosas, los gastos del aprendizaje, si se trata de obreros especializados, etc.

Todo lo que la clase obrera consume para renovar su fuerza-trabajo tiene un valor. El valor de los artículos de consumo y los gastos de aprendizaje determinan el valor de la fuerza-trabajo. De aquí que las diferentes mercancías tengan un valor distinto, pues cada género de fuerza-trabajo tiene un valor diferente: la fuerza-trabajo de un tipógrafo tiene un valor distinto del de la de un peón, etc.

Volvamos a la fábrica. El capitalista adquiere materias primas y combustible, máquinas y lubricantes y otras cosas indispensables, y finalmente adquiere la fuerza-trabajo, emplea obreros. El lo paga todo al contado. La producción comienza su curso: los obreros trabajan, las máquinas funcionan, el combustible arde, el lubrificante se gasta, el edificio envejece, la fuerza-trabajo se agota. Pero en compensación sale una nueva mercancía de la fábrica. Esta mercancía tiene, como todas las demás, un precio. ¿Qué precio es este? En primer lugar contiene el valor de los medios de producción consumidos: materias primas, combustibles, alojamiento de las máquinas, etc. En segundo lugar contiene el trabajo de los obreros. Si para la producción de una mercancía cualquiera 30 obreros emplean 30 horas de trabajo, emplean en total 900 horas de trabajo. Según esto, el valor total de la mercancía producida estará determinada por las materias consumidas (supongamos que este valor corresponda a 600 horas de trabajo) y el nuevo valor añadido por el trabajo de los obreros en las 900; el valor estará, pues, representado por 600 más 900, o sea igual a 1.500 horas.

Pero, ¿cuánto le viene a costar al capitalista esta mercancía? El total de las materias primas corresponde a 600 horas. ¿Y por la mano de obra? ¿Ha pagado las 900 horas completas? He aquí el nudo del problema. Según nuestro cálculo, paga el valor total de la fuerza-trabajo de los días de trabajo. Si 30 obreros emplean para 30 horas tres días de trabajo, a 10 horas diarias, el fabricante paga la cantidad necesaria para la restauración de la fuerza-trabajo consumida en esos días. ¿A cuánto asciende esta cantidad? La contestación es sencilla: esa cantidad es muy inferior al valor de 900 horas. ¿Por qué? Porque la cantidad de trabajo necesaria para el mantenimiento de mi fuerza-trabajo es inferior a la cantidad de trabajo que yo puedo hacer en un día. Uno es capaz de trabajar 10 horas al día mientras que la alimentación que se consume y el traje que se rompe en un día quizá no corresponda a cinco horas de trabajo. Por tanto, uno es capaz de trabajar mucho más de lo que necesita para el mantenimiento de su fuerza-trabajo. Supongamos que en el ejemplo puesto los obreros consumen en tres días víveres y vestimenta por valor de 450 horas, mientras que producen un trabajo de 900 horas; al capitalista le quedan 450 horas que forman su frente de ganancia. Como hemos visto, la mercancía cuesta 1.050 horas (600 más 450), mientras que la vende por el valor de 1.500 horas (600 más 900); las 450 horas que saca de provecho el capitalista son la plusvalía, que ha sido creada por la fuerza productora.

La mitad del tiempo los obreros trabajan para reconstruir lo que ellos personalmente consumen, y la otra mitad para el capitalista. Consideremos ahora a la sociedad en conjunto. No nos interesa lo que hace el industrial aislado y el obrero aislado. Nosotros queremos saber cómo es esa enorme máquina que se llama sociedad capitalista. La clase capitalista da ocupación a la numerosísima clase trabajadora. En millones de fábricas, minas, bosques y campos trabajan como hormigas centenares de millones de obreros. El capital les paga el salario, el valor de su fuerza-trabajo, con lo cual ellos continuamente renuevan la fuerza productiva en provecho del capital. La clase obrera con su trabajo, no sólo se paga a sí misma, sino que crea además los ingresos de las clases dominantes, crea la plusvalía. Por infinitos caminos esta plusvalía afluye al bolsillo de la clase dominante: una parte la recibe el mismo capitalista, cosa que constituye la ganancia; otra parte acaba, bajo forma de impuestos, en manos del estado capitalista; otra parte va a los bolsillos de los comerciantes, de los intermediarios, otra a la Iglesia y a los prostíbulos, a los cómicos y plumíferos burgueses, etc., etc. De esta plusvalía viven todos los parásitos que la sociedad capitalista nutre en su seno.

Ahora bien, una parte de la plusvalía es empleada de nuevo por los capitalistas.

Estos aumentan por este procedimiento su capital; agrandan sus haciendas, dan ocupación a más obreros y adquieren máquinas más perfectas. Un mayor número de obreros produce para ellos una mayor plusvalía. Los negocios capitalistas se convierten cada vez en mayores. Así progresa el capital acumulando plusvalía. El capital aumenta extrayendo de la clase obrera la plusvalía, explotándola.

11. EL CAPITAL

Tratemos de ver con claridad qué cosa es el capital. Este es ante todo un valor dado, ya sea en forma de dinero, máquinas, materias primas, o bien bajo la forma de mercancía terminada; pero además es un valor que produce la plusvalía. La producción capitalista consiste en la producción de la plusvalía.

En la sociedad capitalista las máquinas y las fábricas aparecen como capital. ¿Pero es que son siempre capital? Ciertamente que no. Si toda la sociedad constituye una economía de camaradas, produciendo todos para sí mismos, ni las máquinas ni las fábricas serían capital, porque no constituirían medios para crear ganancias en favor de pocos ricos. Las máquinas se convierten en capital sólo cuando son propiedad privada de la clase capitalista, cuando sirven para la explotación del trabajo asalariado y a la producción de la plusvalía. La forma del valor es en este caso diversa: éste puede consistir en discos metálicos, monedas o bien en billetes de banco, con los que comprará el capitalista la fuerza-trabajo y los medios de producción; este valor puede estar representado también por máquinas, con las que trabajan los obreros, o con materias primas con las que ellos producen las mercancías, o por mercancías terminadas y destinadas a la venta. Cuando sirven para la producción de la plusvalía es cuando se convierte en capital.

El capital varía su envoltura exterior. Veamos cómo se opera esta transformación:

a) El capitalista no ha adquirido todavía ni la mano de obra ni los medios de producción. Él desea tener obreros, adquirir la maquinaria, las materias primas, los combustibles, etc.; pero hasta ahora no posee más que dinero. En este caso el capital se presenta en su forma monetaria.

b) Con este dinero se encamina al mercado (naturalmente que no en persona, para eso está el teléfono y el telégrafo). Aquí tiene lugar la adquisición de los medios de producción y de la mano de obra. El capitalista se ha despojado de su forma monetaria y aparece en la de capital industrial. Después comienza el trabajo. Las máquinas están en acción, giran las ruedas, se mueven las correas, los obreros y las obreras se fatigan, las máquinas se gastan, las materias primas se consumen y la fuerza productora se extingue.

c) Las materias primas, la maquinaria gastada y la fuerza productora consumida se transforman ya, poco a poco, en mercancías. En ese momento el capital pierde su forma de empresa industrial y aparece como un cúmulo de mercancías. He aquí, pues, al capital bajo su forma de mercancías. Pero éste no sólo ha cambiado de forma, ha aumentado también el valor, porque el proceso de producción le ha añadido la plusvalía.

d) Pero el capitalista no produce las mercancías para su uso propio, sino para el mercado, para la venta. Lo que se ha acumulado en sus almacenes debe venderse. En un principio el capitalista fue al mercado en concepto de comprador, ahora vuelve a él como vendedor. Al principio tenía dinero en las manos y quería mercancías (mercancías de producción). Ahora dispone de mercancías y desea dinero. Cuando vende su mercancía, el capital pasa de nuevo de la forma de mercancía a la forma de dinero. Pero esta forma dinero, que el capitalista recibe, no es ya aquella originariamente gastada, porque ésta ha sido aumentada con el importe íntegro de la plusvalía.

e) Pero no se termina todavía con esto el movimiento del capital. El capital aumentado es de nuevo puesto a la circulación y produce una mayor plusvalía. Esta plusvalía es añadida en parte al capital, y comienza un nuevo ciclo. El capital aseméjase a una bola de nieve, pues a cada vuelta se le queda adherida una mayor cantidad de plusvalía. En otros términos: la producción capitalista se desarrolla y se expansiona.

De este modo el capital extrae la plusvalía de la clase obrera, extendiéndose por todos los sitios. Su progreso rápido se explica por sus cualidades particulares. La explotación de una clase por parte de otra se conocía también en otros tiempos.

Tomemos, por ejemplo, un feudatario en tiempos de la servidumbre, o un propietario de esclavos en los tiempos antiguos. Estos oprimían a sus siervos o esclavos. Todo lo que éstos producían era consumido por sus amos o por el séquito de éstos, sus numerosos parásitos. La producción de mercancías estaba todavía poco desarrollada. No había sitio donde vender. Si los latifundistas hubieran obligado a sus siervos o esclavos a producir grandes cantidades de pan, de carne, de peces, etc., todo ello se hubiera podrido. Entonces la producción se limitaba a la satisfacción de las necesidades físicas del propietario y de su brigada. Bajo el capitalismo la cosa es totalmente distinta. Aquí ya no se produce para la satisfacción de las necesidades, sino para la ganancia. Aquí se produce la mercancía para venderla, para tener una ganancia, para poder acumular ganancia. Cuanto mayor sea la ganancia, tanto mejor. Esto explica la loca persecución de la ganancia por parte de la clase capitalista.

Este apetito insaciable no conoce límites. El es el nervio, la médula de la producción capitalista.

12. El estado capitalista

La sociedad capitalista está, como hemos visto, basada en la explotación de la clase obrera. Una pequeña minoría de hombres domina todo; la mayoría de los obreros no posee nada. Los capitalistas mandan, los trabajadores obedecen. Los capitalistas explotan, los obreros son explotados. Toda la naturaleza de la sociedad capitalista consiste en esta implacable y siempre creciente explotación.

La producción es una válvula aspirante que sirve para extraer la plusvalía. ¿Cómo se mantiene en servicio tanto tiempo esta válvula? ¿Por qué toleran los obreros este estado de cosas?

A esta pregunta no es fácil dar contestación, sin más. Pero generalmente existen dos razones: en primer lugar, porque la organización y el poder se encuentran en manos de la clase capitalista; en segundo lugar, porque la burguesía es dueña aun hasta de la mente de la clase obrera.

El medio más seguro que para este fin emplea la clase burguesa es la organización estatal. En todos los países capitalistas el estado no es otra cosa sino una asociación de capitalistas. Tomemos cualquier país: Inglaterra o los Estados Unidos, Francia o el Japón. Los ministros, los altos funcionarios, los diputados, son los mismos capitalistas, latifundistas, emprendedores o banqueros, o sus fieles y bien remunerados servidores: abogados, directores de banca, profesores, generales, arzobispos u obispos.

El conjunto de todos estos servidores de la burguesía, que se extienden por todo el país y lo dominan, se llama estado. Esta organización de la burguesía tiene dos fines: en primer lugar, y esto es lo principal, el de reprimir todos los movimientos e insurrecciones de los obreros, de asegurar la explotación inturbada de la clase obrera y el refuerzo del sistema de producción capitalista, y en segundo lugar, el de combatir otras organizaciones similares (es decir, otros estados burgueses) para el reparto de la plusvalía sacada a la clase obrera. Por tanto, el estado capitalista es una asociación de emprendedores que garantizan la explotación. Sólo, pues, los intereses del capital guían la actividad de esta asociación de bandidaje.

Contra esta concepción del estado burgués se puede aducir la siguiente objeción:

Vosotros afirmáis que el estado se basa enteramente sobre los intereses del capital. Pues mirad: en todos los países capitalistas existen leyes sobre las fábricas que prohíben o limitan el trabajo de los niños y reducen el horario de trabajo. En Alemania, por ejemplo, existía ya en tiempos de Guillermo II un seguro obrero por el estado, relativamente bueno; en Inglaterra, el ministro burgués Lloyd George ha implantado un seguro obrero; en todos los estados burgueses se fundan hospitales y casas de salud para los obreros, se construyen trenes en los que pueden viajar todos, ricos y pobres; acueductos, canalizaciones, etc.; cosas que aprovechan a todos. Por tanto, se objetará, aun en los países donde domina el capital, el estado obra, no sólo en interés del capital, sino también en el de la clase obrera. El estado castiga a los industriales que infringen las leyes de fábrica.

Tales argumentos son falsos. He aquí la razón: es verdad que del poder burgués emanan algunas veces leyes y disposiciones que son útiles aun para la clase obrera. Pero esto es en interés de la misma burguesía. Tomemos el ejemplo del tren. Este lo usan también los obreros y les es útil. Pero no fue construido para los obreros. Los comerciantes, los industriales lo necesitan para el transporte de sus mercancías, para el movimiento de las tropas, para el transporte de los obreros, etc. El capital necesita líneas férreas y las construye en interés propio. El estado capitalista no construye las líneas férreas porque son útiles a los obreros. Observemos de cerca la así llamada «sanidad pública», la limpieza de las calles, los hospitales. En este campo la burguesía piensa también en los barrios obreros. También es verdad que, en relación con los barrios burgueses del centro, los suburbios donde habitan los obreros son sucios y malsanos; pero de todos modos, la burguesía hace algo. ¿Por qué? Porque de lo contrario, las enfermedades se propagarían por toda la ciudad y también le tocaría a la burguesía. Aun aquí, el estado y los organismos locales sirven los intereses de la burguesía. Pongamos otro ejemplo. En los últimos decenios, en Francia aprendieron los obreros de la burguesía a limitar artificialmente la procreación: no nacen hijos, o si nacen, a lo sumo dos en cada familia. La miseria entre los trabajadores es tan grande, que les es casi imposible mantener una numerosa familia. El resultado es que la población de Francia casi no aumenta. De aquí que empiecen a faltarle soldados a la burguesía francesa. Por eso grita: «¡La nación va a la ruina! ¡Los alemanes se propagan más aprisa que nosotros y tendrán más soldados!» A esto se añadía que las reclutas eran de año en año más mezquinas: pequeños de estatura, estrechos de pecho, débiles físicamente. De un golpe la burguesía se hizo «generosa»; comenzó espontáneamente a introducir mejoras para la clase obrera, a fin de que se repusieran un poco los obreros y produjeran más hijos. Porque cuando se mata la gallina no da ésta más huevos.

En todos estos casos la burguesía adopta medidas que ciertamente son útiles para la clase obrera, pero con las cuales persigue sus propios intereses. En otros casos estas medidas las adopta el estado burgués bajo la presión de la clase obrera. De estas leyes hay muchas. Casi todas «las leyes de fábrica» fueron obtenidas de este modo: a raíz de las amenazas obreras. La primera reducción del horario en Inglaterra (a diez horas) fue obtenida gracias a las amenazas de los obreros; en Rusia, el gobierno zarista implantó las leyes de fábrica atemorizado por las agitaciones obreras y las huelgas. El estado, esa organización hostil a la clase obrera, hace, guiada por sus intereses, el cálculo siguiente: «Es mejor ceder hoy que tener que dar mañana el doble o arriesgar la piel.» Del mismo modo el industrial que cede a los huelguistas otorgándoles un pequeño aumento, no deja de ser burgués porque haya, ante la amenaza de desórdenes, echado al proletariado un mísero hueso.

El estado burgués, además de ser la más poderosa y grande organización de la burguesía, es también la más complicada, pues posee numerosas ramificaciones que extienden en todas direcciones sus tentáculos. Todo ello sirve a un fin primordial: la defensa, la consolidación y expansión de la explotación de la clase obrera. Contra la clase obrera dispone el estado burgués de los medios de la coacción brutal y de los de la servidumbre mental; estos dos forman los órganos más importantes del estado capitalista.

Los medios de coacción brutal son, principal-
mente, el ejército, la policía, las cárceles y los tribunales, y sus órganos subsidiarios: los espías, los agentes provocadores, la organización de los confidentes,
los sicarios, etc.

El ejército del estado capitalista está organizado
de forma especial. A la cabeza del ejército está la casta de oficiales «de las espadas de oro y plata». Estos
se reclutan en las filas de los latifundistas feudales,
de la gran burguesía, y en parte también entre los
intelectuales. Estos sanguinarios enemigos del proletariado aprenden ya desde rapaces en escuelas especiales (academias militares) cómo se maltrata a los
soldados y cómo se guarda el «honor de la bandera»,
o sea, cómo se mantiene a los soldados en servidumbre absoluta y se les convierte en muñecos. A
los oficiales pertenecientes a la alta aristocracia y a
la gran burguesía se les hace generales y almirantes
y se les carga de cruces.

Los oficiales no suelen provenir casi nunca de las
clases pobres. Tienen en sus manos toda la masa de
los soldados, a los que se les educa de modo a no
atreverse siquiera a preguntar por qué combaten y
a convertirse en instrumentos ciegos de sus superiores.

Tal clase de ejército no puede tener otra misión
principal sino la de tener sujetos a los trabajadores.
En Rusia el ejército sirvió muchas veces como re-
presor de los obreros y campesinos. Las insurrecciones de campesinos en tiempos de Alejandro II, antes
de la abolición de los siervos, fueron sofocados por
el ejército. En 1905, durante la agitación de Moscú,
el ejército ametralló a los obreros; el ejército llevó
a cabo las expediciones de castigo a las provincias
bálticas, las del Cáucaso y las de Siberia; sofocó, en

los años 1906-1908, las revueltas de campesinos, sir-
viendo con esto de esbirro de los grandes latifundistas. Durante la rebelión se ametralló a los obreros de
Ivanovo-Vosnewensk, de Kostroma, etc.

En todas partes se distinguieron por su ferocidad
los oficiales y generales. En el extranjero se repite
por todo el mundo la misma historia. En Alemania,
el ejército del estado capitalista fue fiel a su función
de verdugo de la clase obrera. El primer levanta-
miento de los marinos de Kiel fue ahogado por el
ejército. Las insurrecciones de los obreros de Berlín,
Hamburgo, Múnich, etc., fueron reprimidas por el
ejército.

En Francia se empleó a la tropa para ametrallar
huelguistas y fusilar obreros y soldados revolucionarios rusos. En Inglaterra, el ejército ha sofocado
duramente, en estos últimos tiempos, los levanta-
mientos de los obreros irlandeses, de los semiescla-
vos egipcios, de los indios, y en la misma Inglaterra
han sido agredidos pacíficos comités obreros. En
Suiza, a cada huelga sigue inmediatamente una mo-
vilización de batallones de ametralladoras y la llamada milicia (ejército suizo), y sucede más de una
vez que la milicia abre fuego sobre los obreros. En
los Estados Unidos, la tropa ha sembrado la muerte
en pueblos enteros del proletariado (por ejemplo,
durante la huelga del Colorado).

Los ejércitos de los estados capitalistas intentan
ahora sofocar la revolución proletaria en Rusia,
Hungría, Polonia y los estados balcánicos para reprimir la sublevación proletaria en todo el mundo.

Policía: en el estado capitalista mantiene, además
del ejército regular, un ejército de hampones selec-
cionados, cuerpo entrenado especialmente en la lucha
contra los trabajadores. Tienen también como misión

perseguir la delincuencia, la defensa de la llamada «seguridad personal y material del ciudadano». Pero sirven al mismo tiempo para seguir, arrestar y castigar a los obreros descontentos. En Rusia, la policía era la más segura tutela de los latifundistas y del zar. La policía secreta (policía política, que nosotros los rusos llamamos Ojrana) se distingue en todos los países por su crueldad. De acuerdo con ésta trabaja un cúmulo de espías, agentes provocadores, confidentes, etc.

Con este respecto son interesantes los medios que emplea la policía secreta americana. Esta está en estrecho contacto con una infinidad de «oficinas policíacas» privadas y semiestatales. Las famosas aventuras de Nat Pinkerton, en sustancia, no eran más que luchas contra los obreros. Los agentes provocadores distribuían a los directores obreros bombas y los incitaban a asesinar capitalistas. Estos agentes pagaban también bandas de sicarios armados (en América se llaman *scabes*), con la misión de asesinar obreros en huelga.

No existe infamia alguna que no sean capaces de realizar estos delincuentes al servicio del estado «democrático» de los capitalistas americanos.

La organización judicial del estado burgués es un medio de autodefensa de la clase burguesa. La justicia burguesa se venga en primer lugar de aquellos que osan atacar la propiedad capitalista y ofender al sistema burgués. Esta justicia condenó a Liebknecht a trabajos forzados, y en cambio absolvió a sus asesinos. Las autoridades carcelarias estatales y los verdugos ejecutan las sanciones de los tribunales. Estas instituciones gravan sólo a los pobres y no a los ricos.

Estas son las instituciones del estado capitalista, que tienen por misión oprimir brutalmente a la clase obrera.

Entre los medios de servidumbre espiritual de la clase trabajadora de que dispone el estado capitalista son dignos de mencionarse los tres más importantes: la escuela de estado, la Iglesia de estado y la prensa de estado, subvencionada por el estado.

La burguesía comprende que no puede someter a la clase obrera con la sola fuerza bruta. Sabe que es necesario nublar también el cerebro. El estado burgués considera al obrero como bestia de carga, a la que hay que hacer trabajar; pero con la precaución de ponerla en la imposibilidad de morder. Para esto, no sólo se le encierra y mata cuando muerde, sino que se le domestica como en los serrallos, para lo cual el estado capitalista educa especialistas para el acretinamiento y la doma del proletariado: maestros burgueses y profesores, curas y obispos, plumíferos y periodistas burgueses. Estos especialistas enseñan a los niños desde la primera infancia a obedecer al capital y odiar a los «rebeldes». Se les cuenta a los niños fábulas sobre la revolución y los movimientos revolucionarios, y se glorifica a los emperadores, los reyes, los industriales, etc. Los curas, desde el púlpito, predican que «todo poder viene de Dios», los periodistas burgueses repiten día tras día este embuste al proletariado (los periódicos proletarios son, por lo general, suprimidos por el estado capitalista). ¿Cómo pueden salir del pantano en tales condiciones los obreros?

Un bandido imperialista alemán ha escrito: «Tenemos necesidad no sólo de las piernas de los soldados, sino también de sus cerebros y sus corazones». El estado burgués necesita hacer del obrero un animal doméstico que trabaje indefenso y paciente como un caballo. Con esto el estado capitalista se asegura su propia existencia. La máquina explotadora funciona y extrae continuamente plusvalía de la clase obrera. El estado, mientras tanto, custodia para que los esclavos del salariado no se rebelen.

13. CONTRADICCIONES DEL ORDEN SOCIAL CAPITALISTA

Ocurre ahora examinar si la sociedad burguesa está o no bien construida. Una cosa es sólida y buena cuando todas sus partes se coordinan. Tomemos por ejemplo el mecanismo de un reloj. Este funciona regularmente y sin pararse sólo cuando cada engranaje se acopla diente por diente con los demás.

Consideremos, pues, la sociedad capitalista. En seguida veremos que no está tan sólidamente construida como aparece a primera vista, sino que, por el contrario, presenta grandes contradicciones y enormes lagunas. Ante todo, en el capitalismo no existe una producción y distribución de los productos organizada, sino una anarquía en la producción.

¿Qué significa esto? Esto significa que toda empresa capitalista (o asociación capitalista) produce mercancías independientemente de las demás. La sociedad no establece cuánto y qué necesita; los industriales hacen que se produzca siempre con la mira de la ganancia mayor posible y de apartar toda competencia. Por esto pasa muchas veces que se producen demasiadas mercancías (hablamos, naturalmente, de la anteguerra) que no pueden ser vendidas (los obreros, por carecer de dinero suficiente, no las pueden adquirir). En este caso se declara una crisis: se cierran las fábricas y los obreros son lanzados al arroyo. La anarquía en la producción trae como consecuencia la lucha por el mercado. Esta lucha reviste varias formas. Comienza con la competencia entre los fabricantes y acaba con una guerra mundial entre los estados capitalistas por el reparto de los mercados del mundo. Aquí tenemos el primer encuentro entre los órganos de la sociedad capitalista, el primer choque violento.

La primera razón del caos capitalista está en la anarquía de la producción, que tiene como manifestaciones las crisis, la competencia y la guerra.

La segunda causa del estado caótico de la sociedad capitalista está en su división en clases. En el fondo, la sociedad capitalista no es homogénea: está dividida en dos sociedades; de un lado, la capitalista, y por otro, la de los obreros pobres. Estas dos clases están en una enemistad continua, implacable e irreconciliable. Nuevamente nos encontramos, pues, con que las distintas partes de la sociedad capitalista se encuentran en un antagonismo.

¿El capitalismo se derrumbará o no? La contestación a esta pregunta depende de las siguientes consideraciones: si, examinando el desarrollo del capitalismo, tal como se ha desenvuelto en el transcurso de los tiempos, nos encontráramos con que su estado caótico va siempre disminuyendo, le podemos augurar, entonces, una larga vida; si, viceversa, viéramos que en el curso del tiempo las distintas partes de la sociedad capitalista chocan unas con las otras, cada vez con más violencia, y si nos persuadimos que los cortes de esta sociedad se transformarán en abismos, podemos entonarle un réquiem.

Es, por tanto, indispensable estudiar el problema del desarrollo del capitalismo.

Capítulo II: DESENVOLVIMIENTO DEL ORDEN SOCIAL CAPITALISTA

14. La lucha entre la grande y pequeña industria (entre la propiedad del que trabaja personalmente y la propiedad capitalista sin trabajo)

a) *Lucha entre la pequeña y la gran industria.*— Las grandes fábricas de hoy, donde trabajan hasta más de diez mil obreros provistos de máquinas gigantescas, no han existido en todos los tiempos. Estas se desarrollaron lentamente y surgieron de la ruina del artesano y de la pequeña industria, en la actualidad casi desaparecida por completo. Para comprender este desenvolvimiento se requiere, ante todo, no perder de vista el hecho de que en la economía mercantil y en el régimen de la propiedad privada la lucha por el comprador, la competencia es inevitable.

¿Quién es el vencedor en esta lucha? Aquel que es capaz de cautivarse al comprador, alejándole del competente. La mejor manera de ganarse un cliente es vender la mercancía al precio más barato de competencia. Pero ¿quién es el que puede vender a un precio más bajo? He aquí el problema que tenemos que resolver antes que otro alguno. Es evidente que el gran industrial puede vender a un precio mejor que el pequeño industrial o artesano, porque la mercancía le sale mucho más barata. La gran industria presenta en este campo infinidad de ventajas. La primera es que el empresario capitalista está en condiciones de instalar mejores máquinas y pertrechos.

El artesano, que vive al día, trabajando casi siempre a mano, con utensilios más o menos primitivos,[2] no puede ni pensar en la adquisición de máquinas modernas. Ni el pequeño capitalista puede permitirse introducir en su industria máquinas más perfectas y productivas. De aquí que cuanto mayor sea la empresa, tanto más perfeccionados son los aparatos técnicos, tanto más productivo el trabajo y tanto menos viene a costar al capitalista la mercancía.

En las grandes fábricas de América y Alemania existen laboratorios científicos especiales donde se inventan continuamente nuevos perfeccionamientos, uniendo de este modo la ciencia con la producción; estas invenciones constituyen el secreto de sus respectivas empresas, siendo el provecho exclusivo de las mismas. En la pequeña hacienda, donde se trabaja en parte o totalmente a mano, la mercancía es fabricada por un mismo obrero desde el principio al fin. En la producción a máquina, un obrero hace una parte, un segundo otra y así sucesivamente. Con este sistema, llamado división del trabajo, la producción es mucho más rápida.

Para dar una idea de las ventajas que proporciona, vamos a referirnos a una estadística americana hecha en el 1908. He aquí los datos: *Producción de diez arados*. Trabajo a mano: 2 obreros que realizan 11 trabajos distintos, trabajando en total 1.180 horas y ganando 54 dólares. El mismo trabajo con proceso industrial: 52 obreros, 97 trabajos diferentes (con el número de obreros aumenta también el número de los diversos trabajos); horas de trabajo empleados, 37 y 28 minutos; salario pagado, 7,9 dólares. Como

2 Nos referimos, claro está, a la anteguerra. En la posguerra no es el vendedor el que corre tras el comprador, sino viceversa.

se ve, se ha empleado infinitamente menos tiempo, y el trabajo ha costado mucho menos. *Producción de 100 fornituras de piezas para relojes.* Trabajo a mano: 14 obreros, 453 procesos de trabajo, 341.866 horas, 80.822 dólares. Proceso industrial: 10 obreros, 1.088 procesos de trabajo, 8.343 horas, 1.799 dólares. *Producción de 500 yardas de tela a cuadros.* Trabajo a mano: 3 obreros, 19 operaciones (procesos de trabajo), 7.534 horas, 135,6 dólares. Proceso industrial: 252 obreros, 43 operaciones, 84 horas, 6,81 dólares.

Se podrían aducir todavía infinidad de ejemplos más. Además de esto, a las pequeñas industrias y a los artesanos les son totalmente inaccesibles una serie de ramos de industrias en las que es indispensable el empleo de grandes medios técnicos, como la construcción de líneas férreas, barcos, explotación de minas, etc.

La gran industria ahorra en un sinnúmero de cosas: en las construcciones, en las máquinas y materias primas, en el alumbrado y la calefacción, en el empleo de la mano de obra, en el aprovechamiento de los residuos, etc. Imaginémonos mil pequeños trabajadores y una gran fábrica que produzca lo mismo que producen los mil trabajadores; es mucho más fácil construir un edificio grande que mil pequeños; las mil pequeñas empresas consumen más materias primas (que en la mayor parte se desperdician); es más sencillo iluminar una gran fábrica que mil pequeñas; las reparaciones, vigilancia, etc., son simplificadas. En una palabra, en una gran empresa se hacen mayores economías y se alcanza una mayor baratura. Hasta en la misma adquisición de materias primas y de otros aprovisionamientos tiene ventaja la gran industria. La mercancía comprada al por mayor cuesta menos y es de mejor calidad.

Además, el gran industrial conoce mejor el mercado y sabe dónde y cómo se puede comprar en condiciones más ventajosas. También en la venta de los productos la gran industria está privilegiada. No sólo sabe el gran industrial dónde se pueden vender las mercancías a precios más altos (pues con tal fin mantiene agentes y viajantes y está en estrecho contacto con la Bolsa, donde afluyen todas las noticias sobre pedidos de géneros), sino que, por ende, su ventaja consiste en que puede esperar. Cuando, por ejemplo, los precios de sus mercancías son bajos, puede emboscarlos en sus depósitos hasta que suban. El pequeño propietario, en cambio, no puede hacerlo, porque vive de la venta de sus productos y no dispone de reservas en dinero. Por tanto, tiene que vender a cualquier precio si no quiere morir de hambre. Está, pues, claro que en tales condiciones lleva las de perder.

Por último, la gran industria tiene otra gran ventaja en lo que se refiere al crédito. Cuando el gran capitalista necesita dinero encuentra siempre quien se lo preste. A una «firma solvente» concede crédito cualquier banca, mediante abono de intereses relativamente bajos. Al pequeño industrial, en cambio, casi nadie le hará crédito. Pero aun en el caso en que alguien se lo conceda, es seguro que le hará pagar intereses usurarios. Por esto los pequeños empresarios terminan con facilidad en las garras de los judíos.

Todas estas ventajas de la gran industria explican por qué la pequeña industria tiene fatalmente que desaparecer en la sociedad capitalista. El gran capital la persigue, la acorrala hasta que la arruina y transforma al propietario en un proletario vagabundo. Naturalmente que el pequeño propietario luchará hasta lo último, empleará todos sus recursos, obligará a sus obreros y a su familia a trabajar hasta lo inconcebible; pero al fin no tendrá más remedio que ceder el puesto al gran capitalista. Muchas veces creemos estar en presencia de un propietario independiente, pero en realidad depende completamente del gran capitalista, para el cual trabaja y sin el que no podría dar un paso. Otras veces el pequeño empresario depende del usurero, y en tal caso su libertad sólo es aparente, pues en realidad trabaja para el chupóptero. También depende del cliente que le compra la mercancía o del negocio para el cual trabaja, y, por tanto, sólo es independiente en apariencia, pues de hecho se ha transformado en un obrero asalariado del gran capitalista. En ciertos casos el capitalista provee al artesano de las materias primas y los utensilios (cosa que ocurre con los que trabajan a domicilio), y en este caso se convierte en un simple apéndice del capital.

Existen además otros géneros de servidumbre hacia el capital: en las cercanías de las grandes fábricas con frecuencia se establecen pequeños talleres de reparaciones, los cuales no son otra cosa más que pequeños engranajes de la máquina de la gran industria. Aquí también la independencia es sólo aparente. Otras veces pasa que artesanos, pequeños propietarios, trabajadores a domicilio y negociantes lanzados de una rama de la industria o del comercio se trasladan a otra donde todavía el capital no es poderoso. Muchos de estos artesanos arruinados se dedican al pequeño comercio.

Véase, pues, cómo el gran capital suplanta paso a paso la pequeña producción en todos los campos, dando nacimiento a empresas gigantescas que ocupan a miles, a veces hasta centenares de miles de obreros. El gran capital se hace dueño del mundo. La propiedad de quien trabaja personalmente desaparece y le substituye la gran propiedad capitalista.

Como ejemplo de la desaparición de la pequeña industria en Rusia pueden servir los trabajadores a domicilio. Una parte de éstos trabajaba por cuenta propia, vendiendo el producto a quien quiera que fuera (los peleteros, cesteros, etc.). Después éstos comenzaron a trabajar para un capitalista, uno solo (los sombreros de Moscú y los lampisteros y jugueteros). Después el obrero recibía las materias primas del que le proporcionaba trabajo, cayendo en una servidumbre completa (los cerrajeros de Pavlovsk y de Barmakino). Luego, finalmente, el que encargaba trabajo lo pagaba por piezas (por ejemplo; los claveros de Tver, los zapateros de Kimry, los cuchilleros de Pavlovsk).

En servidumbre parecida cayeron también los tejedores a mano. En Inglaterra la pequeña industria agonizante recibió el nombre de «Sweatingsystem» (sistema de sudor), tan penosas eran las condiciones. En Alemania el número de las pequeñas industrias disminuyó del 1882 al 1895 en el 8,6 %, el de las industrias, medias aumentó el 64,1 % y el de las grandes aumentó el 90 %. De aquella época a esta parte desaparecieron muchas de las industrias medias. Hasta en Rusia misma la gran industria suplantó con bastante rapidez al trabajo a domicilio.

Una de las industrias más importantes en Rusia es la textil. Con el siguiente cuadro, que muestra la proporción de los obreros industriales y la de los trabajadores a domicilio en la industria algodonera, se puede ver con qué rapidez la fábrica suplantó a los trabajadores a domicilio:

Año	Obreros ocupados en fábricas	Obreros a domicilio
1866	94.566	55.178
1879	163.691	50.152
1894-95	242.151	20.475

En el año 1886 había para cada 100 obreros textiles ocupados en fábricas 70 obreros trabajando a domicilio; en los años 1894-95, sólo 8. En Rusia se desarrolló con más rapidez la gran industria porque el capital extranjero creó súbitamente grandes fábricas. Ya en 1902 las grandes empresas empleaban casi la mitad (el 40 %) de los obreros industriales.

En el 1903 las fábricas que ocupaban más de 100 obreros constituían el 17 % de todas las fábricas y ocupaban el 76,6 % de los obreros industriales.

La victoria de la gran industria en todos los países va acompañada de la ruina de los pequeños productores. A veces, distritos enteros y oficios enteros (como los tejedores de Siberia y de la India, etc.) son condenados a perecer.

b) *La lucha entre la pequeña y la gran hacienda en la agricultura.*— La misma lucha que existe entre pequeño y gran capital en la industria tiene lugar, bajo el capitalismo, en la agricultura. El latifundista que dirige su hacienda como el industrial su fábrica, el gran agricultor, el agricultor medio, el campesino pobre, que con frecuencia tiene que ir a trabajar para el gran propietario porque su trozo de tierra no le basta para vivir, corresponden en la industria al gran capitalista, al propietario medio de taller, al artesano, al trabajador a domicilio y al obrero asalariado. En el campo como en la ciudad, la gran propiedad se encuentra en condiciones más favorables que la pequeña.

El gran propietario puede adquirir aparatos técnicos modernos. Las máquinas agrícolas (arados eléctricos y de vapor, segadoras, sembradoras, aventadoras) permanecen casi inaccesibles para el pequeño propietario. Así como sería absurdo instalar en el taller de un pequeño artesano una gran máquina, lo mismo el pequeño campesino no puede usar un arado de vapor. Para que una máquina de esta clase sea conveniente se precisa una extensión de terreno muy superior al pedazo de tierra que posee el pequeño propietario.

El empleo de las máquinas depende de la extensión del terreno. Un arado de tracción animal es aprovechado íntegramente en un terreno de 30 ha.; un arado por vapor necesita 1.000 ha. Recientemente se están empleando máquinas eléctricas para el cultivo de la tierra, pero únicamente pueden emplearse en las grandes haciendas.

El riego, la desecación de pantanos, la construcción de líneas férreas, pueden tan sólo encontrar aplicación en la gran hacienda agraria. Esta, como la gran industria, ahorra en materias primas, mano de obra, etc. Aparte de esto, los grandes propietarios pueden tener agrónomos especialistas que dirijan su negocio según los sistemas científicos.

En el campo del comercio y del crédito sucede lo mismo que en el de la industria: el gran empresario conoce mejor el mercado, puede esperar, adquiere a precios mejores todo lo necesario y vende a precios superiores. Al pequeño propietario no le queda más que luchar poniendo en tensión todas sus fuerzas, no puede vivir más que a fuerza de sobretrabajo y limitando sus necesidades. Este es el único modo que tiene de mantenerse en el régimen capitalista, estando además agravada su miseria por los impuestos. El estado capitalista agrava la propiedad agrícola extraordinariamente; basta recordar qué significaban los impuestos zaristas para los campesinos: «Vende todo, pero paga los impuestos».

En general, se puede decir que la pequeña producción en la agricultura es más resistente que en la industria. Mientras en la ciudad los pequeños capitalistas y los artesanos se arruinan en seguida relativamente, la pequeña propiedad agrícola se mantiene en todos los países sobre bases más sólidas. Pero también aquí progresa el empobrecimiento aunque más lentamente. A menudo una hacienda que por su extensión no es grande, es en realidad rica en capital y ocupa un gran número de obreros (por ejemplo: los jardines y los huertos en los alrededores de las grandes ciudades); Otras veces nos parece estar ante pequeños propietarios independientes, pero que son en realidad obreros asalariados que van a trabajar en las grandes haciendas como trabajadores de estación. Entre la clase campesina se verifica el mismo fenómeno que hemos observado en el artesanado. Pocos pueden conservar su propiedad. La mayoría viven de préstamos que les llevan a la ruina. Estos últimos venden primero la vaca y el caballo, y luego su trozo de tierra, teniendo que ir a buscar trabajo en la ciudad. El campesino pobre se convierte en obrero asalariado, y el usurero sanguinario que puede tener obreros asalariados se convierte en latifundista o capitalista.

Así también en la agricultura una gran parte de la tierra, de los aperos, de las máquinas, del ganado, se encuentran en manos de un pequeño núcleo de grandes propietarios capitalistas, a cuyo servicio trabajan millones de obreros.

En América, donde el capital ha alcanzado su grado más alto de desarrollo, hay grandes haciendas agrícolas en las que se trabaja como en una fábrica. A semejanza de la fábrica, se produce una sola especialidad. Existen tierras que sólo se cultivan para frutas; otras, para la cría de aves. Muchas ramas de la producción agraria están concentradas en pocas manos. Así, por ejemplo, hay un «rey de los pollos», un «rey de los huevos», etc.

15. SERVIDUMBRE DEL PROLETARIADO; LA RESERVA INDUSTRIAL, EL TRABAJO DE LAS MUJERES Y NIÑOS

Cada vez, bajo el régimen capitalista, se convierten mayores masas populares en obreros asalariados. Todos los artesanos, pequeños propietarios, campesinos, comerciantes en quiebra, en suma, todos aquellos a quienes el capital ha arruinado, acaban en las filas del proletariado. A medida que las riquezas se concentran en manos de pocos capitalistas, van pasando las masas populares a ser apretadas huestes de esclavos asalariados.

Dado el descenso continuo de las clases medias, el número de los obreros sobrepasa las necesidades del capital, cosa que encadena el obrero al capital, pues tiene que trabajar para el capitalista, porque, de lo contrario, éste encontraría cien otros para el mismo puesto.

Esta dependencia hacia el capital está consolidada de otro modo, además del de la ruina de nuevos estratos sociales. El capitalista asegura su predominio sobre la clase obrera arrojando a la calle los obreros superfluos y creándose de este modo una reserva de mano de obra. ¿Cómo ocurre este fenómeno? Del modo siguiente: hemos visto ya que todo industrial tiende a reducir el precio de coste de sus productos. Por esta razón introduce continuamente máquinas nuevas. Pero la máquina, generalmente, substituye al obrero, hace superflua una parte de los obreros. La introducción de toda máquina nueva significa el despido de parte de los obreros.

Estos, que antes tenían ocupación en la fábrica, se quedan sin colocación. Dado que la introducción de nuevas máquinas, ahora en éste mañana en el otro ramo de la industria, será permanente, está claro que también la desocupación tiene que existir siempre en el régimen capitalista. El capitalista no se preocupa en proporcionar trabajo a todos, sino únicamente en sacar de la clase obrera el mayor provecho posible. Por lo mismo, es natural que lance al arroyo a los obreros que no le producen ganancia.

Es un hecho que en todos los países capitalistas, en las grandes ciudades, existe siempre un gran número de desocupados. Encontramos jóvenes campesinos, artesanos y pequeños negociantes arruinados, obreros metalúrgicos, tipógrafos y tejedores que durante muchos años han trabajado en la fábrica, y que son licenciados para dejar el puesto a nuevas máquinas. Todos éstos juntos forman una reserva de mano de obra para el capital, o, como la llamó Karl Marx, la reserva industrial. La existencia de esta reserva industrial y la desocupación continua permiten a los capitalistas acentuar la dependencia y la opresión de la clase obrera. Mientras que de una parte de los obreros saca el capital, con auxilio de la máquina, una ganancia mayor, la otra parte se encuentra en la calle; pero, aun desde ella, los desocupados hacen el juego del capital atemorizando a los descontentos.

La reserva industrial presenta aspectos de embrutecimiento, de hambre, de mortalidad excepcional y hasta de delincuencia. Los que desde años no encuentran trabajo se dan al alcoholismo, a vagabundear, a pedir limosna, etc. En las grandes ciudades, como Londres, Nueva York, Berlín, París, hay barrios enteros habitados por desocupados. Un ejemplo de este género lo tenemos en el mercado de Chitrof, en Moscú. En lugar del proletariado surge una nueva clase que ha olvidado ya el trabajo. Este producto de la sociedad capitalista se llama «lumpen-proletariat» (hampa proletaria).

La introducción de la máquina trajo consigo también el trabajo de las mujeres y de los niños, que es más barato, y, por tanto, más conveniente para el capitalista. Antes de la introducción de la máquina, todo oficio requería un largo aprendizaje y una habilidad especial. Las máquinas, en cambio, puede manejarlas hasta un niño, y esta es la razón por qué desde la invención de las máquinas ha encontrado tanta aplicación el trabajo de las mujeres y de los niños. Hay que añadir a esto que las mujeres y los niños no pueden oponer al capitalista una resistencia tan fuerte como los obreros. Aquéllas son más tímidas y tienen además una fe supersticiosa en la autoridad y en los curas. Por esto el capitalista substituye con frecuencia los hombres con mujeres y niños, obligando a estos últimos a agotar sus juveniles energías en su provecho.

El número de trabajadores y empleados en 1913 era el siguiente:

en Francia, 6.800.000;
en Alemania, 9.400.000;
en Austria-Hungría, 8.200.000;
en Italia, 5.700.000;

en Bélgica, 930.000;

en los Estados Unidos, 8.000.000;

en Inglaterra, 6.000.000.

En Rusia el número de obreras ha ido crecien-
do constantemente. En 1900 el número de obreras
constituía el 25 % (es decir, una cuarta parte) de todos los obreros y obreras industriales; en 1908- el
31 %, esto es, casi un tercio; en 1912 el 45 %. En la
industria textil, por ejemplo, en 1912 entre 870.000
eran 453.000 mujeres, esto es, más de la mitad (el
52 %). Durante la guerra el número de obreras creció desmesuradamente. El trabajo de los niños también está en boga en muchas comarcas, a pesar de
todas las prohibiciones. En América, país el más adelantado desde el punto de vista capitalista, el trabajo
de los niños está muy difundido.

Todas estas circunstancias traen consigo la disolución de la familia obrera. ¿Cómo puede conservarse
la vida de familia si la madre y el hijo tienen que ir
al taller?

La mujer que va a trabajar a la fábrica, que se
convierte en obrera, está, como el hombre, expuesta
a todas las miserias de la desocupación. También ella
es lanzada a la calle por el capitalista, también ella
entra en las filas de la reserva industrial, y también
puede, como el hombre, degenerar. Un fenómeno
que está en íntima relación con la desocupación de
la obrera es la prostitución. Sin trabajo, hambrienta,
acosada por todas partes, se ve obligada a vender su
cuerpo; hasta cuando encuentra trabajo es generalmente el salario tan ínfimo, que para tener lo necesario para la vida vende su cuerpo. Y con el tiempo
el nuevo oficio se convierte en hábito. Así se forma
la categoría de las prostitutas profesionales.

En las grandes ciudades el número de las prostitutas es inmenso. Ciudades como Hamburgo y Londres cuentan decenas de miles de estas desgraciadas. También éstas forman una fuente de ganancia y enriquecimiento para el capital, que instituye grandes prostíbulos organizados a base capitalista. La trata de blancas está difundida en todos los países. Los centros de este comercio eran las ciudades de la Argentina. Es particularmente repugnante la prostitución de los niños que florecen en las grandes capitales europeas y americanas.

A medida que se inventan en la sociedad capitalista nuevas máquinas más perfeccionadas, a medida que surgen fábricas cada vez mayores y crece la cantidad de los productos, el yugo del capital se hace cada vez más pesado y siempre mayor la miseria de la reserva y la dependencia de la clase obrera hacia sus explotadores.

Si no existiese la propiedad privada, sino que todo fuera propiedad de todos, el mundo tendría un aspecto bien distinto. Los hombres reducirían las horas de trabajo, restaurarían sus fuerzas y tendrían mayor libertad. Pero el capitalista que introduce una máquina piensa sólo en la ganancia; no reduce las horas de trabajo porque en tal caso reduciría también su ganancia. En el régimen capitalista la máquina no libera al hombre, sino que lo esclaviza más.

Con el desarrollo del capitalismo, una parte siempre mayor del capital se emplea en la adquisición de máquinas, utensilios, edificios, altos hornos, etc., al tiempo que para la remuneración de los obreros cada vez se gasta una parte más pequeña del capital. En otros tiempos, cuando todavía se trabajaba a mano, el gasto para máquinas era mínimo y casi todo el capital se empleaba en el jornal de los obreros. Ahora sucede lo contrario: la mayor parte del capital se destina a los medios de producción. Esto significa que la demanda de mano de obra no aumenta en la medida que crece el número de proletarios. Cuanto mayor es el desarrollo de la técnica del régimen capitalista tanto más opresivo es el yugo del capital y menores son para el obrero las posibilidades de encontrar trabajo.

16. Anarquía de la producción, competencia, crisis

La miseria de la clase obrera aumenta con el progreso de la técnica, la cual, en vez de ser útil a toda la sociedad, trae, bajo el capitalismo, mayores ganancias al capitalista y la desocupación y ruina a muchos obreros. Pero esta miseria aumenta también por otras causas.

Hemos visto anteriormente que la sociedad capitalista está bastante mal construida. Domina la propiedad privada, sin ningún plan general. Cada capitalista dirige su negocio con independencia de los demás. Lucha con los otros, está en relación de «competencia» con ellos.

Ahora se presenta el problema de si esta lucha va atenuándose o no. Es un hecho que el número de capitalistas es cada vez más pequeño. Los grandes capitalistas devoran a los pequeños. Antes, cuando luchaban entre sí decenas de miles de capitalistas, la competencia era encarnizada; ahora que no hay tantos competidores parece que la lucha debería ser menos áspera. Pero la realidad es bien diversa. El número de los competidores es menor; pero cada uno de ellos es mucho más fuerte en comparación con sus competidores de otro tiempo. La lucha es más cruel y áspera. Si en el mundo sólo existieran dos capitalistas, estos dos estados capitalistas lucharían el uno contra el otro. En último análisis hemos llegado a este punto. La lucha entre los grandes grupos capitalistas se manifiesta en el antagonismo entre los diversos grupos de estados capitalistas, antagonismos que llevan de la guerra comercial a la guerra armada. La competencia disminuye con el desarrollo del capitalismo sólo si se considera el número de competidores, pero se acentúa en cuanto a su encarnizamiento y a sus consecuencias desastrosas.[3]

Todavía nos queda por tratar un fenómeno: las llamadas crisis. ¿Qué son las crisis? He aquí cómo se desenvuelve el proceso éste. Un buen día resulta que se han producido algunas mercancías en cantidad excesiva. Los precios bajan y, sin embargo, no se encuentra quien las compre. Todos los almacenes se abarrotan. Gran cantidad de obreros son reducidos a unas condiciones de miseria en las que no pueden ni siquiera comprar lo poco que consumían en otros tiempos. Entonces comienzan las catástrofes. Empiezan las quiebras en un ramo de industria. Pero todas las industrias están en una íntima dependencia; por ejemplo, las sastrerías compran las telas en las fábricas de tejidos, éstas compran la lana de otros productores, y así sucesivamente. Si las sastrerías quiebran, las fábricas de tejidos no encontrarán compradores para sus productos e irán a la ruina, y lo mismo les pasará a los productores de lana. Por todas partes se cierran las fábricas y las oficinas, aumenta la desocupación

---

3 Trataremos con más profusión de este argumento en el capítulo de la guerra imperialista.

hasta límites pavorosos y la condición de vida de los obreros empeora y, sin embargo, abundan las mercancías, de las que están repletos los almacenes. Este fenómeno se verificó, antes de la guerra, repetidas veces: la industria, florece; los negocios de los industriales marchan admirablemente; de pronto surgen las quiebras, la desocupación, la miseria; después la industria se levanta de nuevo, hasta que vienen nuevas crisis, y así sucesivamente.

¿Cómo se explica este fenómeno paradójico, en el que caen los hombres a la condición de mendigos en medio de la abundancia y de las riquezas?

La respuesta a esta pregunta no es fácil. Hemos visto antes que en la sociedad capitalista reina el caos, la anarquía de la producción. Cada industrial produce mercancías independientemente de los demás, a su propio riesgo y bajo su responsabilidad. Con este sistema de producción se llega al momento en que supera la producción a la demanda. Cuando se producían bienes y no mercancías, esto es, cuando la producción no era destinada para el mercado, la sobreproducción no podía ser peligrosa. En cambio, en la producción de mercancías las cosas cambian. Cada industrial tiene que vender las mercancías ya producidas antes de poder adquirir otras mercancías para la ulterior producción. Pero cuando la máquina se para en un punto debido a la confusión de la producción, inmediatamente el problema se transfiere de una rama a otra: se genera una crisis general.

Estas «crisis» tienen un efecto muy devastador. La masa de mercancías perece. Los restos de la pequeña producción son barridos con escoba de hierro. También las grandes empresas mueren en parte. A todas les cuesta mantenerse en pie. El peso de la crisis recae, por supuesto, en la clase obrera. Algunas fábricas cierran por completo, otras reducen la producción o trabajan a tiempo parcial, otras cierran temporalmente. El número de parados aumenta. El ejército industrial de reserva crece. Y con ello crece la pobreza y la opresión de la clase obrera. En tiempos de crisis, la ya mala situación de la clase obrera empeora aún más.

He aquí, por ejemplo, los datos de la crisis de 1907-1910 que barrió Europa y América, en definitiva, todo el mundo capitalista. En Estados Unidos, el número de sindicalistas en paro creció de la siguiente manera: en junio de 1907, el 8,1 %; en octubre, el 18,5 %; en noviembre, el 22 %; en diciembre, el 32,7 % (el 42 % en la industria de la construcción, el 43,6 % en la industria de la confitería, incluso el 55 % en la industria del tabaco); ni que decir tiene que el paro total (calculado no sólo para los trabajadores organizados) fue aún mayor. En Inglaterra, el porcentaje de parados en el verano de 1907 era del 3,4 %; en noviembre subió al 5, en diciembre al 6,1 %; en junio de 1908 alcanzó el 8,2 %; en Alemania en enero de 1908 el porcentaje de parados era el doble que en los años precedentes. Lo mismo podía observarse en otros países.

En cuanto a la disminución de la producción, por ejemplo, la fundición de hierro en bruto cayó en Estados Unidos de 26 mill. de toneladas en 1907 a 16 mill. de toneladas en 1908.

En tiempos de crisis, los precios de las mercancías bajan. Entonces los amos capitalistas, para no perder sus beneficios, recurren a estropear la producción. En América, por ejemplo, reventaron altos hornos. En Brasil, los propietarios de cafetales actuaron de forma aún más interesante. Para mantener alto el precio del café, incendiaron sacos de café. Ahora el mundo entero sufre hambre y escasez de alimentos. El hambre y la escasez de alimentos son el resultado de la guerra capitalista. Fue creada por el capitalismo, que llevó a la guerra de exterminio. Y en tiempos de paz el capitalismo se ahogaba en excedentes, que, sin embargo, no se vendían al obrero: los bolsillos de los obreros estaban demasiado flacos. De estos excedentes el obrero sólo obtenía una cosa: el paro con todos sus horrores.

17. Desarrollo del capitalismo y de las clases (Exacerbación de las contradicciones de clase)

Hemos visto que la sociedad capitalista tiene dos contradicciones principales, dos defectos principales: en primer lugar, es «anárquica» (no hay organización en ella): en segundo lugar, consiste de hecho en dos sociedades enfrentadas (clases). Hemos visto también que con el desarrollo del capitalismo, la anarquía de la producción, expresada en la competencia, conduce cada vez más a la agravación, a la incoherencia, a la destrucción. La incoherencia de la sociedad aquí no disminuye, sino que aumenta. Pero lo mismo ocurre con la fragmentación de la sociedad en dos partes, en clases. Con el desarrollo del capitalismo, esta fragmentación, esta grieta entre las clases, tampoco disminuye, sino que aumenta. En un extremo, los capitalistas acumulan toda la riqueza de la tierra, en el otro extremo, las clases oprimidas acumulan toda la pobreza, el dolor y las lágrimas. El ejército industrial de reserva genera capas de gente abatida, asilvestrada, empobrecida. Pero también los que trabajan se diferencian cada vez más de los capitalistas en su vida. La diferencia entre el proletariado y la burguesía es cada vez mayor. Antes había todo tipo de capitalistas medianos y pequeños, muchos de ellos en estrecha relación con los trabajadores, viviendo un poco mejor que ellos. Ahora no es así en absoluto. Los grandes señores viven de una manera que antes nadie soñaba. Es cierto que también los trabajadores han vivido generalmente mejor con el desarrollo del capitalismo; hasta principios del siglo XX, los salarios aumentaron en general. Pero al mismo tiempo los beneficios de los capitalistas aumentaban aún más rápidamente. Ahora la masa trabajadora está tan lejos del capitalista como el cielo de la tierra.

El capitalista es una criatura completamente diferente, no se le puede alcanzar con la mano. Y cuanto más se desarrolla el capitalismo, cuanto más se eleva el grupo de capitalistas más ricos, más profundo es el abismo entre este grupo de reyes sin corona y la masa multimillonaria de proletarios esclavizados.

Dijimos que los salarios de los trabajadores seguían aumentando, pero que los beneficios crecían aún más rápido, por lo que la distancia entre las dos clases era cada vez mayor. Desde principios del siglo XX, sin embargo, los salarios empezaron a bajar en lugar de subir; al mismo tiempo, los beneficios empezaron a subir como nunca antes. De modo que, sobre todo en los últimos tiempos, la desigualdad social se ha agudizado con extrema rapidez.

Está bastante claro que, puesto que esta desigualdad crece y crece, tarde o temprano conduce a un enfrentamiento entre los trabajadores y los capitalistas. Si la diferencia entre ellos disminuyera, si los obreros, por su posición, se acercaran cada vez más a

los capitalistas, entonces, por supuesto, se establece-
rían «la paz y la tranquilidad, la gracia de Dios». Pero
dada la manera como están las cosas en la sociedad
capitalista, los obreros no pueden acercarse a los capitalistas, sino que cada vez se alejan más de ellos.
Todo lo cual no significa más que la lucha de clase
entre proletariado y burguesía tiene inevitablemente que acentuarse.

Contra esta concepción, los científicos burgueses han presentado muchas objeciones. Estos han
pretendido demostrar que el obrero, en la sociedad
capitalista, vivirá cada vez mejor. Esta concepción
ha sido recientemente admitida por los socialistas
de la derecha. Unos y otros sostienen que los obreros serán cada vez más ricos y se podrán convertir
hasta en pequeños capitalistas. Mas los acontecimientos no han tardado en demostrar la falsedad
de esta doctrina. Es un hecho que las condiciones
de los obreros empeoran de más en más en relación con la de los capitalistas. En confirmación de
nuestro aserto vamos a aducir un ejemplo, tomado del país más adelantado capitalísticamente: los
Estados Unidos. Si tomamos como base de la capacidad de adquisición del salario (esto es, la cantidad de productos de primera necesidad que puede
comprar el obrero) en relación a su precio en los
años 1890-1899 la cifra 100, tal capacidad de adquisición se presenta como sigue: en el 1890-1899;
98,6; en 1895, 100,6; en el 1900, 103; en el 1905,
101,4; en el 1907, 101,5. Vemos que el nivel de vida
de los obreros queda casi inmutable. En el 1907 el
obrero americano no ha podido adquirir más víveres, vestimenta, etc., que en el 1890; la capacidad
de adquisición ha aumentado sólo un poco, el 3 %.
En cambio, los millonarios americanos han tenido

enormes ganancias, y la plusvalía que se han apropiado creció desmesuradamente. Con esto, naturalmente, el nivel de vida de ellos también se elevó.

La lucha de clase se basa sobre los antagonismos de intereses entre la burguesía y el proletariado. Estos antagonismos son lo mismo de irreconciliables como los que existen entre el lobo y el cordero.

Todo el mundo comprenderá que lo que al capitalista le conviene es hacer trabajar al obrero lo más posible y pagarlo lo menos posible. En cambio, el obrero tiene por interés el trabajar lo menos posible y cobrar cuanto más mejor. Está, pues, claro que desde que surgió la clase obrera tenía que iniciarse la lucha por el aumento del salario y la reducción de las horas de trabajo.

Esta lucha jamás ha sido interrumpida. Pero ésta no se limitó a la lucha por el aumento de pocos céntimos. En todos los países donde se desarrolla el capitalismo, las masas obreras se persuadieron de la necesidad de acabar con el capitalismo. Los obreros comenzaron a pensar cómo pudiera ser sustituido con un orden de trabajo justo y fraternal. Así nació el movimiento comunista de la clase obrera.

La lucha de la clase obrera fue con frecuencia acompañada de derrotas. Y, sin embargo, la sociedad capitalista lleva en sí misma la victoria final del proletariado. ¿Por qué? Sencillamente porque el desarrollo del capitalismo lleva consigo la transformación de grandes masas populares en proletariado. La victoria del gran capital implica la ruina del artesano, del pequeño comerciante y del campesino. Cada paso que da el desenvolvimiento capitalista aumenta el número de proletarios. Cuando la burguesía sofoca movimientos obreros consolida el orden social capitalista. El desarrollo del orden social capitalista trae la ruina para millones de pequeños propietarios y campesinos, haciéndolos siervos del capital. Con esto crece el número de proletarios, o sea de los enemigos de la sociedad capitalista. La clase obrera, no sólo se hace numéricamente más fuerte, sino también más compacta. ¿Por qué razones? Precisamente porque con el desarrollo del capitalismo crecen también las grandes fábricas. Cada gran fábrica alberga entre sus muros millares y hasta decenas de millares de obreros. Estos obreros trabajan en estrecho contacto entre sí. Ven fácilmente cómo los explota el empresario capitalista. Se dan cuenta en seguida de que todo obrero es el amigo y compañero de los demás obreros. Unidos en el trabajo, aprenden a obrar de común acuerdo. Tienen además la posibilidad de entenderse con más rapidez. He aquí por qué con el desarrollo del capitalismo crece, no sólo el número, sino la unión de la clase obrera.

En la misma proporción en que aumentan las grandes fábricas perecen los artesanos y los campesinos. En una palabra, se reúnen en un espacio relativamente pequeño, en los grandes centros, enormes masas populares, de las cuales el proletariado industrial forma la gran mayoría.

En tales condiciones, la lucha que va extendiéndose tiene que acabar inevitablemente con la victoria de la clase obrera. Tarde o temprano tendrá lugar el choque supremo entre burgués y proletario; la burguesía será expropiada y el proletariado destruirá el estado capitalista e instaurará un nuevo orden social comunista. El capitalismo, pues, conduce en el curso de su desarrollo, inevitablemente, a la revolución comunista del proletariado.

La lucha de clases del proletariado contra la burguesía asume varias formas. En esta lucha se han desarrollado tres formas principales de la organización obrera: los sindicatos, que agrupan a los obreros según los oficios; las cooperativas, generalmente de consumo, que se proponen libertar al proletariado de la explotación del intermediario y, finalmente, los Partidos políticos de la clase obrera (partidos socialistas, socialdemócratas, comunistas), los cuales han escrito en su bandera la lucha por el dominio político de la clase obrera. A medida que vaya acentuándose la lucha de clase, todas las formas del movimiento obrero irán convergiendo hacia la meta única: la destrucción del poder burgués.

Los directores del movimiento que tenían una visión más clara de la marcha de las cosas insistieron sobre la necesidad de una estrecha unión y colaboración de todas las organizaciones obreras, defendiendo la unidad de acción entre los sindicatos y el partido político, y que por esto los sindicatos no debían ser neutrales (es decir, políticamente indiferentes).

En los últimos tiempos se han creado nuevos organismos de lucha; los más importantes de ellos son los consejos obreros.

Del examen del desenvolvimiento del orden social capitalista podemos sacar las conclusiones siguientes: el número de los capitalistas disminuye, pero éstos se hacen cada vez más ricos y poderosos; el número de los obreros aumenta siempre y también aumenta la unión de los mismos, si bien no en la misma medida; el diferente tenor de vida de los capitalistas y los obreros resalta cada vez más; de aquí que el desarrollo del capitalismo conduzca inevitablemente al choque entre estas dos clases, es decir, a la revolución comunista.

18. La concentración y centralización del capital como condición del orden social comunista

Como hemos visto, el capitalismo se cava su propia fosa, dando origen a sus propios sepultureros, los proletarios, y en proporción con su desarrollo, aumenta el número y la fuerza de sus enemigos mortales. Pero el capitalismo, no sólo cría a sus enemigos, sino que prepara también el terreno para la nueva economía comunista. ¿De qué modo? A demostrar esto vamos. Hemos visto antes (véase *11. El capital*) que el capital crece de día en día. El aumento del capital permite una ampliación de la producción. Este aumento del capital, este acrecentarse en una sola mano, se llama acumulación o concentración del capital.

También hemos visto (*14. Lucha entre la grande y pequeña industria*) que con el desarrollo del capitalismo se destruye la pequeña y media producción. La propiedad de los pequeños y medios capitalistas va por caminos diversos a terminar en los bolsillos de los grandes bandidos. El capital que antes estaba dividido entre varios propietarios se concentra ahora en las manos, en el puño que ha vencido en la lucha. Este recoger el capital que antes estaba disperso se llama centralización del capital.

La concentración y la centralización del capital, esto es, su acumulación en pocas manos, no es todavía concentración y centralización de la producción. Supongamos que el capitalista haya adquirido con la plusvalía acumulada la pequeña fábrica de su vecino y continúe en ella la producción como antes. De pronto acontece que el capitalista transforma, alarga la producción y agranda la misma fábrica. En tal caso, no se verifica sólo un agrandamiento del capital, sino también en la producción. Se introducen un mayor número de máquinas y se da trabajo a nuevos obreros. Muchas veces ocurre que algunas docenas de grandes máquinas suplen de mercancías a un país entero. En realidad, los obreros trabajan para la sociedad entera, y el trabajo está, como suele decirse, socializado. Pero la administración y el provecho pertenecen al capitalista.

Tal concentración y centralización de la producción da lugar a una producción verdaderamente social, aun después de la revolución proletaria. Si esta centralización de la producción no existiese y el proletario se adueñara del poder en un momento en que la producción estuviera todavía desparramada en centenares de miles de pequeños talleres con dos o tres obreros, sería imposible organizar la producción sobre base social. Tanto más se desarrolla el capitalismo y tanto más centralizada está la producción, con tanta más facilidad podrá el proletariado regirla después de su victoria final.

El capitalismo, no sólo produce sus propios enemigos y conduce a la victoria comunista, sino que también crea la base económica para la realización del régimen comunista.

Capítulo III: COMUNISMO Y DICTADURA DEL PROLETARIADO

19. Características del orden social comunista

Ya vimos por qué la sociedad capitalista tenía que morir (hoy la vemos morir ante nuestros ojos). Muere porque existen dos factores que determinan su fin: la anarquía de la producción, que da lugar a la competencia, a las crisis y a la guerra, y el carácter de división de clases de la sociedad, que, inevitablemente, produce la lucha de clases.

La sociedad capitalista puede compararse a una máquina mal construida, en la que una parte obstruye continuamente la acción de la otra (véase *13. Contradicciones del orden social capitalista*), razón por la cual esta máquina tiene que saltar.

Está claro que la nueva sociedad tiene que estar mucho mejor coordinada que el capitalismo. Apenas el choque de las fuerzas antagónicas haya quitado de en medio al capitalismo, surgirá sobre las ruinas de éste una sociedad que no conozca estos antagonismos. Las características del sistema de producción comunista son las siguientes:

1. La sociedad estará organizada, es decir, no existirá ni anarquía en la producción, ni competencia, ni crisis.

2. No existirá división en clases, esto es, la sociedad no estará más dividida en dos partes que se combaten mutuamente y no será, por tanto, posible que una sea explotada por la otra. Una sociedad en que no existan clases y en que toda la

producción esté organizada no puede ser otra que la sociedad comunista, en la cual todos trabajan solidariamente.

Estudiemos de cerca esta sociedad. La base de la sociedad comunista es la propiedad social de los medios de producción y de cambio, o sean las máquinas, los utensilios, las locomotoras, los barcos, los edificios, los almacenes, las minas, el telégrafo y el teléfono, la tierra y las bestias de trabajo, son propiedad de la sociedad. Ni un solo capitalista ni sociedad alguna de ricos podrán disponer de estos medios, que pertenecen a la sociedad por entero.

¿Qué significa esta expresión de «la sociedad por entero»? Significa que ninguna clase aislada puede ser propietaria de estos medios, sino todos los individuos que forman esta sociedad. En tales condiciones la sociedad se transforma en una grande y sólida cooperación de trabajo, en la que no puede existir ni desparramo en la producción ni anarquía. En dicho orden la organización de la producción es posible.

La competencia, en cambio, ya no es posible, porque en la sociedad comunista todas las fábricas, oficinas, minas y cualquier clase de empresa, no son sino otras tantas dependencias de una gran oficina nacional que abarca toda la economía. No hay que decir que una organización tan grandiosa presupone un plan general de producción.

Desde el momento que toda la industria y la agricultura forman una inmensa cooperativa única, naturalmente que se necesita pensar cómo hay que distribuir la mano de obra entre las industrias aisladas, cuáles y cuántos productos son necesarios, cómo y dónde haya que distribuir las fuerzas técnicas, etcétera. Todo esto tiene que estar preestablecido, al menos aproximadamente. Con sujeción a este programa hay que obrar. En esto consiste la organización de la producción comunista. Sin un plan y dirección común, y sin una contabilidad exacta, no puede haber organización. En la sociedad comunista existe precisamente un plan de este género. Pero la organización sola no basta. Lo esencial es que ésta sea una organización solidaria de todos los miembros de la cooperativa. Así, además, el orden social comunista se distingue por el hecho de que elimina la explotación y suprime la división de la sociedad en clases. Es posible imaginarse que la producción esté organizada de modo que un pequeño número de capitalistas lo domine todo, pero que domine en común. En ese caso la producción está organizada, pues ningún capitalista combate a otro, y la competencia ha sido sustituida por la explotación en común de la clase obrera, reducida a una semiesclavitud. Aquí tenemos una organización, pero también explotación de una clase por otra. Nos encontramos con una propiedad colectiva de los medios de producción, pero en interés de una sola clase, de la clase capitalista, y, por tanto, no tiene nada que ver con el comunismo, a pesar de existir una organización de la producción. Una sociedad tal eliminaría uno de los males fundamentales —la anarquía de la producción—, pero reforzaría el otro mal del capitalismo: la división de la sociedad en dos clases antagónicas, y la lucha de clases se acentuaría más. Esta sociedad estaría organizada sólo en un aspecto. La sociedad comunista, en cambio, no sólo organiza la producción, sino que también libra al hombre de la opresión del hombre. Está, pues, organizada en todas sus partes.

El carácter social de la producción comunista también se manifiesta en todas las particularidades de esta organización. En el régimen comunista, por ejemplo, no habrá directores de fábricas permanentes o gentes que durante toda su vida hagan el mismo trabajo. En la sociedad actual están de esta manera: si uno ha aprendido el oficio de zapatero, no hará toda su vida más que zapatos; si es pastelero, se pasará la vida haciendo dulces; si es director de fábrica, no hará más que administrar y mandar; si es simple obrero, pasará su vida obedeciendo y ejecutando las órdenes de los demás. Pero no así en la sociedad comunista. Todos los hombres poseerán una cultura multiforme, de modo que todos puedan aplicar su actividad en todos los ramos de la producción. Todos son administradores; mañana trabajarán en una fábrica de jabones; la semana siguiente, quizá en un invernadero y, al pasar un mes, en alguna central eléctrica. Pero esto no será posible sino cuando todos los miembros de la sociedad puedan tener una educación adecuada.

20. La distribución en la sociedad comunista

El sistema de producción comunista no presupone la producción para el mercado. Se produce para satisfacer las necesidades de la sociedad. Por tanto, no existen mercancías, sino sólo productos. Estos productos no son recíprocamente cambiados, no son ni vendidos ni comprados, sino simplemente acumulados en los almacenes comunes y distribuidos a los que los necesitan. El dinero será cosa superflua.

Entonces, podrá argüir alguno, habrá unos que tomen una gran cantidad de productos y otros que cogerán pocos. ¿Qué ventajas se pueden obtener con este sistema de distribución? Ved cómo estará organizada la distribución. Al principio se tendrán que introducir reglas y los productos no serán entregados más que a aquellos que posean una anotación en la carta de trabajo. Más tarde, cuando la sociedad comunista se haya desarrollado y consolidado, todo esto será inútil. Estarán en tal abundancia todos los productos, que todo el mundo podrá tener los que quiera. Pero, ¿no tendrán los hombres interés en tomar más de lo que necesiten? Ciertamente, no. Hoy a nadie se le ocurriría tomar tres billetes del tranvía para ocupar un solo sitio. Lo mismo pasará en la sociedad comunista con todos los productos. Cada uno tomará de los depósitos comunes sólo lo que necesite y nada más.

Nadie tendrá tampoco interés en vender los superfluo, puesto que todos tendrán lo necesario. Por esto el dinero no tendrá ningún valor. En resumen, en los comienzos de la sociedad comunista los productos probablemente serán distribuidos según el trabajo prestado, y más tarde, simplemente según las necesidades de los ciudadanos, de los compañeros.

Se oye decir con frecuencia que en la sociedad futura se realizará el derecho de cada uno al producto íntegro de su trabajo: todo el mundo recibe lo que ha producido. Esto es erróneo y, además, jamás podría ser realizado, porque si todos recibieran lo que han producido no sería posible ni desarrollar ni agrandar y mejorar la producción. Una parte del trabajo prestado debe ser siempre empleada en mejorar la producción.

Si se consumiese todo lo que se produce, no se harían más máquinas. Todo el mundo sabe que la vida mejorará con el adelanto de las máquinas. Esto implica que una parte del trabajo contenido en la máquina no vuelva nunca a aquel que la ha producido. Por esto jamás podrá suceder que cada uno perciba el producto íntegro de su trabajo. Además, tampoco sería necesario, porque con el empleo de máquinas perfeccionadas será tan abundante la producción, que podrán quedar satisfechas todas las necesidades.

21. La administración en la sociedad comunista

En la sociedad comunista no existirán clases. El que no haya clases quiere decir que tampoco habrá un estado. Hemos dicho antes que el estado es la organización del dominio de clase. El estado siempre se emplea como medio de opresión de una clase contra otra. El estado burgués está dirigido contra el proletariado, y el estado proletario, contra la burguesía. Pero en la sociedad comunista no habrá latifundistas ni capitalistas ni asalariados: sólo habrá hombres, compañeros.

No existirán clases, y, por tanto, tampoco lucha de clases ni organización de clases. No siendo necesario tener freno alguno, el estado se convierte en superfluo. Ahora, alguien podrá preguntar: ¿cómo puede funcionar una organización tan grande sin una dirección? ¿Quién elaborará el plano de la economía colectiva? ¿Quién distribuirá las fuerzas de trabajo? ¿Quién calculará los ingresos y los gastos sociales? En una palabra, ¿quién cuidará de todo el orden social?

La respuesta a todas estas preguntas no es difícil. La dirección central residirá en las distintas oficinas de contabilidad y en las oficinas de estadística. En ellas, día por día, se llevará cuenta de la producción y de las necesidades; se establecerá dónde la mano de obra tenga que ser disminuida y dónde aumentada, y cuánto haya que producir de un artículo y cuánto de otro. Y puesto que todos estarán acostumbrados al trabajo colectivo desde la infancia y todos comprenderán que es necesario y que la vida es mucho más fácil si todo se desenvuelve según un plan sistemático, no habrá nadie que se niegue a trabajar según las órdenes de estas oficinas de organización. No habrá necesidad de ministros, ni de policía, ni prisiones, ni leyes.

A la manera como en una orquesta todos siguen la batuta del maestro, así seguirán el plan de producción, trabajando según él. Este orden de cosas tendrá lugar en el régimen comunista ya desarrollado y consolidado, después de la victoria completa y definitiva del proletariado. Antes deberá la clase obrera luchar largamente contra sus enemigos, sobre todo con la herencia del pasado, como el ocio, la negligencia, los instintos antisociales y criminales. Será necesario que pasen dos o tres generaciones educadas en las nuevas normas para que puedan suprimirse las leyes y los castigos, la autoridad del estado y todos los residuos del pasado capitalista. Si hasta entonces el estado obrero será necesario, en cambio, en la sociedad comunista, ya desarrollada también, desaparecerá el poder estatal del proletariado. El proletariado se confundirá con las demás clases porque todos, poco a poco, habrán sido atraídos en el trabajo colectivo, y después de veinte o treinta años surgirá un nuevo mundo con otros hombres y otras costumbres.

22. El desarrollo de las fuerzas productivas en el régimen comunista

Ventajas del comunismo.— Después de la victoria del régimen comunista y de la limpieza de todas las plagas, las fuerzas productivas tomarán un desarrollo rápido.

Las razones de esto son las siguientes:

En primer lugar, una cantidad de energías humanas, que antes estaban absorbidas por la lucha de clase, quedaron libres. Pensemos sólo en cuánta energía, fuerza de nervios y trabajo son gastados en la sociedad actual por la policía, las huelgas, las revueltas y la represión de las mismas, la justicia, la política y la tensión diaria de fuerzas de una y otra parte. La lucha de clase devora una infinidad de energías y de medios. Estas energías en la sociedad comunista serán empleadas en el trabajo productivo.

En segundo lugar, quedarán intactas aquellas energías y medios que hoy son destruidos o consumidos por la competencia, las crisis y la guerra. Bastaría calcular los estragos producidos por la guerra para alcanzar cifras vertiginosas. ¡Y cuántas pérdidas no sufre la sociedad por consecuencia de la lucha entre vendedores o entre compradores! ¡Qué de energías no se dispersarán durante las crisis! ¡Qué gasto de fuerzas no producirá la falta de organización y el caos de la producción! Todas esas fuerzas que ahora se pierden quedarán intactas en la sociedad comunista.

En tercer lugar, la organización y el plan sistemático, no sólo evitan pérdidas innecesarias (la producción en grande es siempre más económica), sino que permiten la mejora técnica de la producción. La producción se realizará en industrias más

grandes, y se valdrá de medios técnicos más perfeccionados. En el régimen capitalista la introducción
de máquinas tiene un límite. El capitalista introduce nuevas máquinas sólo cuando falta la mano
de obra a buen precio; pero cuando ésta está barata, no necesita introducir innovaciones técnicas
para aumentar la ganancia. El capitalista recurre a
la máquina únicamente cuando le ahorra mano de
obra a precios altos. Pero como en la sociedad capitalista la mano de obra, generalmente, está barata,
las malas condiciones de la clase obrera se convierten en un obstáculo para el mejoramiento técnico.
Este hecho se manifiesta particularmente claro en
la agricultura. En ella la mano de obra ha estado
siempre, y está, muy barata, razón por la cual el in-
dustrialismo agrícola es muy lento. En la sociedad
comunista, que no se preocupa de la ganancia, sino
del bien de los trabajadores, no se impedirá ninguna innovación técnica. Las invenciones técnicas
progresarán en el régimen comunista mejor que en
el capitalista, porque todos gozarán de buena cultura y tendrán posibilidad de desarrollar las propias
cualidades inventivas, mientras que en la sociedad
actual muchos obreros inteligentes se ven obligados a vivir en la ignorancia.

En la sociedad comunista todo parasitismo será
abolido. Todos los valores que en la sociedad burguesa son consumidos y destruidos por los capitalistas, en la sociedad comunista se utilizarán para
las exigencias de la producción. Desaparecerán los
capitalistas y sus lacras, los curas, las prostitutas, etc.
Todos los miembros de la sociedad realizarán un trabajo productivo.

El sistema de producción comunista determinará
un inmenso desarrollo de las fuerzas productivas, de

modo que el trabajo que cada uno tendrá que ejecutar en la sociedad comunista será mucho menos que antes. La jornada de trabajo será cada vez más breve, y los hombres se libertarán de las cadenas con las que la naturaleza les tiene atados. Cuando baste a los hombres emplear sólo poco tiempo para procurarse lo necesario para la vida material, podrán dedicar una gran parte del tiempo a su desarrollo espiritual. La civilización humana alcanzará un grado jamás soñado. La cultura será general, y no cultura de clase. Con la opresión del hombre sobre el hombre desaparecerá el dominio de la naturaleza sobre el hombre. Y la humanidad, por primera vez en la historia, llevará una vida verdaderamente racional, no bestial.

Los adversarios del comunismo lo han representado siempre como reparto igualitario de los bienes. Sostienen que los comunistas quieren apoderarse de todo, para repartir en partes iguales la tierra, los medios de producción y también los medios de consumo. Nada más absurdo que esto. Ante todo, una división de este género no es ya posible. Se pueden dividir las tierras, las bestias, el dinero; pero no se pueden dividir los ferrocarriles, los buques, las máquinas, etc. En segundo lugar, el reparto no sería un adelanto, sino que constituiría un retroceso de la humanidad, pues determinaría la formación de una infinidad de pequeños propietarios. Sabemos que de la pequeña propiedad y de la competencia entre los pequeños propietarios surge la gran propiedad y el capitalismo. Con la división de todos los bienes la humanidad tendría que comenzar de nuevo su camino y cantar la vieja canción. El comunismo proletario (o el socialismo proletario) es un gran sistema de compañeros, basado en la propiedad común de los medios de producción. Nace del desarrollo de la sociedad capitalista y de la posición que ocupa en esta sociedad el proletariado. Es preciso distinguir del comunismo proletario:

a) *El socialismo lumpen-proletario (anarquismo)*.— Los anarquistas echan en cara a los comunistas que el comunismo quiere mantener en la sociedad futura el poder estatal. Como hemos dicho ya, esto no es verdad. La diferencia verdadera consiste en que los anarquistas dirigen su atención más a la distribución que a la organización de la producción. Esta organización no la conciben como una gran economía solidaria, sino como una infinidad de pequeñas comunidades autónomas. Una sociedad así no puede libertar a la humanidad de la opresión de la naturaleza; en dicha sociedad las fuerzas productivas no pueden alcanzar el alto grado de desarrollo a que han llegado, bajo el dominio del capital, porque la anarquía no aumenta la producción, sino que la destruye. Por eso no tiene nada de particular que los anarquistas, en la práctica, estén con frecuencia inclinados a la división de los medios de consumo y contrarios a la organización de la producción en gran escala. Ellos representan los intereses y las aspiraciones, no ya de la clase obrera, sino del llamado «lumpen proletariat», el proletariado de los vagabundos, que sufre bajo el régimen capitalista, pero que no es capaz de un trabajo creador e independiente.

b) *El socialismo burgués (pequeño-burgués urbano)*.— Este se basa, no sobre el proletariado, sino sobre los artesanos, destinados a desaparecer, y sobre una parte de los intelectuales. Esta protesta contra el gran capital, pero en nombre de la «libertad» de la pe-

queña empresa. Generalmente defiende la democracia burguesa en contra de la revolución socialista,
buscando la realización de sus ideales con medios
pacíficos: mediante el desarrollo de las cooperativas,
la organización de los artesanos, etc. En la sociedad
capitalista las cooperativas degeneran muchas veces
en simples empresas capitalistas.

c) *El socialismo agrario-campesino* asume varias formas
y se acerca a veces al anarquismo agrario. Su característica es que no representa jamás el socialismo como
una economía en grande. Tiende a la concepción de
la división igualitaria. Se distingue del anarquismo por
su afirmación de un fuerte poder que debe defender-
lo de los latifundistas por un lado y del proletariado
por otro. Este género de socialismo encontramos la
«socialización de la tierra» defendida por los socialrevolucionarios rusos, que quieren eternizar la pequeña
propiedad, y por esto tienen miedo al proletariado y a
la transformación de la economía en una gran unión
comunista. En algunos estratos campesinos existen
todavía otras formas de socialismo que se aproximan
más o menos al anarquismo en cuanto que niegan el
poder estatal, pero que se distinguen por su carácter
pacífico (como el comunismo de los sectarios: de los
Duchoborzi, etc.). Estas corrientes agrario-campesi-
nas sólo podrán ser superadas en el curso de largos
años, cuando el campesino haya reconocido las ventajas de la economía racional. (Más tarde volveremos
sobre este argumento.)

d) *El llamado socialismo de los grandes capitalistas y
de los esclavistas.*— En esto no se encuentra ni aun
siquiera una sombra de socialismo. Si en los tres
grupos antes referidos hay todavía alguna traza de

socialismo y una protesta contra la explotación, en este último la palabra «socialismo» es únicamente un espejuelo para el engaño. Esta ideología ha sido trazada por los científicos burgueses y aceptada por los socialistas reformistas (en parte también por Kautsky y compañía). De esta clase es, por ejemplo, el comunismo del antiguo filósofo griego Platón. Este comunismo consiste en que la organización de los capitalistas explota la masa de los esclavos «en común» y «solidariamente». Entre los amos reina la igualdad completa y todo está en común.

Los esclavos son despojados de todo derecho y de toda propiedad. Claro que esto ni siquiera huele a socialismo. Un socialismo de esta clase es el que defienden los profesores burgueses bajo el nombre de «socialismo de estado», con la sola diferencia de que en el puesto de los esclavos está el proletariado moderno y que en lugar de los poseedores de esclavos están los capitalistas. Esto no es socialismo, sino capitalismo estatal del trabajo forzado. (Ya hablaremos de él más adelante.)

El socialismo pequeño-burgués, el agrario y el anarquista tienen una característica común: todos ellos prescinden del desarrollo real de la economía, que conduce a la creciente industrialización de la producción. Los socialismos utópicos se basan totalmente en la pequeña propiedad. Como todas estas formas de socialismo no tienen ninguna posibilidad de realización, quedan sólo como sueños, «utopías».

23. La dictadura del proletariado

Para poder realizar el orden social comunista, el proletariado tiene que ser dueño de todo el poder y de toda la fuerza estatal. Él no puede destruir el viejo mundo hasta que no tenga el poder en sus manos y se haya convertido, por un cierto tiempo, en clase dominante. Se comprende que la burguesía no abandonará su posición sin lucha. Para ella el comunismo representa la pérdida de su posición dominante, la pérdida de la libertad de sacar el sudor y la sangre a la clase obrera, la pérdida del derecho a las ganancias, a las rentas, a los intereses, etc. Por todo esto la revolución, comunista del proletariado, la transformación comunista de la sociedad encuentra una resistencia encarnizada de los explotadores. El poder proletario tiene por misión el romper implacablemente esta resistencia. Como ésta, inevitablemente, ha de ser muy fuerte, el dominio del proletariado tiene que asumir la forma de dictadura. Bajo el nombre de «dictadura» se entiende un rígido sistema de gobierno y la máxima resolución en la represión del enemigo. En tales circunstancias no puede tratarse de «libertad» para todos los individuos.

La dictadura del proletariado no es compatible con la libertad de la burguesía. Pues precisamente la dictadura se crea para privar a la burguesía de toda libertad, para atarla de pies y manos y quitarle toda posibilidad de combatir al proletariado revolucionario. Cuanto más fuerte es la resistencia de la burguesía, cuanto más desesperadamente recoge ella sus fuerzas, cuanto más peligrosa se hace, tanto más dura e implacable debe ser la dictadura proletaria, que en los casos extremos no debe retroceder ante el terrorismo. La dictadura proletaria puede hacerse más blanda sólo cuando los explotadores hayan sido eliminados del todo y cuando la burguesía no tenga ya ninguna posibilidad de dañar al proletariado. Mientras tanto, la antigua burguesía se habrá fundido poco a poco con el proletariado y el estado proletario irá lentamente muriendo y la sociedad entera se transformará en una sociedad comunista sin división alguna de clases.

Bajo la dictadura del proletariado, que sólo es un fenómeno transitorio, los medios de producción pertenecen, como es natural, no a toda la sociedad, sino al proletariado, a su organización estatal. Los medios de producción son transitoriamente monopolizados por la clase trabajadora, es decir, por la mayoría de la población. Por tanto, todavía no pueden existir relaciones de producción verdaderamente comunistas. Sigue persistiendo la división de la sociedad en clases; todavía existe una clase dominante, el proletariado, el monopolio de los medios de producción por parte de esta nueva clase y un poder estatal que suprime a sus enemigos Cuando la resistencia de los antiguos capitalistas, latifundistas, banqueros, generales y obispos haya desaparecido y la idea comunista haya ganado la mente y el corazón de la mayoría de los productores, el régimen de dictadura proletaria morirá sin necesidad de revolución.

La dictadura proletaria no es sólo un arma para la represión del enemigo, sino también una palanca para la transformación económica. Mediante esta transformación, la propiedad privada de los medios de producción, ha de ser sustituida con la propiedad social; esta transformación debe quitar a la burguesía

los medios de producción y de cambio (expropiación). Pero, ¿quién puede y debe realizar esta expropiación? Naturalmente que no una persona aislada.
Si la pudiese realizar una persona aislada, o aun un
grupo aislado, tendríamos, en la mejor de las hipó-
tesis, un reparto, y en la peor, una simple rapiña. Por
esto es natural que la expropiación de la burguesía
tiene que ser llevara a cabo por el poder organizado
del proletariado. Y este poder organizado no es otro
sino el estado obrero dictatorial.

Contra la dictadura proletaria se levantan objeciones por todas partes. Sobre todo por parte de los
anarquistas. Estos dicen que aborrecen toda dominación y cualquier forma de estado, mientras que
los comunistas (bolcheviques) defienden el poder
de los sóviets. Toda dominación es para aquéllos una
violación y limitación de la libertad. Por esto hace
falta expulsar a los bolcheviques, destruir el poder
de los sóviets y la dictadura del proletariado. No
quieren ni dictadura ni estado. Así hablan los anarquistas creyendo ser revolucionarios. En realidad
ya no están a la izquierda, sino a la derecha de los
comunistas. ¿Para qué fin es necesaria la dictadura?
Pues para dar a la burguesía, organizados, el último
golpe, para violentar, lo decimos abiertamente, a los
enemigos del proletariado.

La dictadura es un arma en manos del
proletariado. Quien está en contra de la dictadura,
teme las acciones decididas, le disgusta hacer daño
a la burguesía y no es un verdadero revolucionario.
Cuando la burguesía esté vencida definitivamente,
no tendremos ya más necesidad de la dictadura
proletaria. Pero mientras se combate la lucha
por la vida o la muerte, la clase obrera tiene el
sacrosanto deber de suprimir implacablemente a sus

enemigos. Entre el comunismo y el capitalismo tiene necesariamente que interponerse el período de la dictadura proletaria.

En contra de la dictadura están también los social-demócratas, especialmente los mencheviques. Estos señores se desdicen completamente de lo que ellos mismos escribieron en otro tiempo. En nuestro antiguo programa, que hemos elaborado en colaboración con los mencheviques, está expresamente escrito: «La premisa imprescindible de la revolución social es la dictadura del proletariado, es decir, la conquista del poder político por parte del proletariado, de aquel poder político que le permita romper la resistencia de los explotadores.» Los mencheviques aceptaron este principio de palabra, pero en la práctica gritan contra la violación de las libertades de la burguesía, contra la supresión de los periódicos burgueses y contra el «terror bolchevique», etcétera. En su tiempo también Plejánov aprobaba las medidas más extremas contra la burguesía, afirmaba que se debía privar a la burguesía del sufragio. Pero hoy los mencheviques se han retractado con todo esto y pasado al campo de la burguesía.

Por último, hay quien presenta objeciones desde un punto de vista moral. Estos afirman que nosotros razonamos como los hotentotes, los cuales dicen: «Si, yo robo a mi vecino su mujer, esto es justo; ahora, si mi vecino me roba la mía, es una injusticia.» Los bolcheviques no se distinguen en nada de estos salvajes, pues su argumento es «Cuando la burguesía violenta al proletariado, la cosa es inmoral; pero cuando el proletariado violenta a la burguesía, la cosa es moral.»

Los que así nos combaten no tienen la menor idea de lo que están discutiendo. En el caso de los hotentotes se trata de dos hombres iguales, que se roban las mujeres por las mismas razones. En cambio, la burguesía y el proletariado no son iguales. El proletariado es una clase inmensa, mientras que la burguesía es sólo una pequeña minoría. El proletariado lucha por la emancipación de toda la humanidad; la burguesía lucha por la perpetuación de la opresión, de la explotación y de las guerras. El proletariado lucha por el comunismo; la burguesía, por la conservación del capitalismo. Si el comunismo y el capitalismo fuesen lo mismo, entonces sólo podría aplicarse al proletariado y a la burguesía el juicio sobre los hotentotes. El proletariado lucha por sí solo, por el nuevo orden social: todo lo que en esta lucha se le ponga en el camino es pernicioso a la humanidad.

24. La conquista del poder político

El proletariado ejerce su dictadura mediante la conquista del poder estatal. ¿Pero qué significa la conquista del poder? Muchos creen que arrancar el poder a la burguesía es cosa tan fácil como hacer pasar, a modo de prestidigitador, un reloj de un bolsillo a otro.

Esta creencia es equivocadísima. En seguida veremos dónde está el error.

El poder estatal es una organización. El poder estatal burgués es una organización burguesa, en la que a todo individuo están asignadas determinadas funciones: a la cabeza del ejército están los generales; a la cabeza de la administración, los ministros provenientes de las clases ricas. En su lucha por el poder, ¿contra quién lucha el proletariado?

En primer lugar contra la organización burguesa. En esta lucha el proletariado tiene la misión de atacar, de destruir el estado burgués. Como la fuerza principal del estado burgués reside en el ejército, para poder aniquilar a la burguesía es necesario minar y destruir el ejército burgués. Los comunistas alemanes no pueden vencer a los Scheidemann y los Noske si no han destruido antes el ejército blanco. La revolución no puede vencer mientras quede intacto el ejército del adversario. Cuando la revolución vence al ejército de la burguesía, esta última se disgrega y se descompone.

Así, por ejemplo, la victoria sobre el zarismo determinó únicamente una destrucción parcial del estado zarista y un disgregamiento parcial de su ejército. Sólo la victoria de la revolución de octubre acabó definitivamente la obra de destrucción de la organización estatal del gobierno provisional y la desbandada del ejército de Kerenski.

La revolución destruye el poder existente y crea otro nuevo. El nuevo poder conserva algunos elementos del antiguo, pero estos elementos tienen otra aplicación distinta.

La conquista del poder no es, pues, la conquista de la antigua organización, sino la creación de una nueva, de la organización de la clase que ha vencido en la lucha.

Este problema tiene una importancia práctica extraordinaria. A los bolcheviques alemanes se les acusa (como en su tiempo acusaban a los rusos) de que destruyen el ejército y la disciplina, imbuyendo en los soldados el espíritu de la insubordinación, etc. Para muchos esto parece una grave acusación. Pero en esto no hay nada horrible.

El ejército que marcha a las órdenes de los generales y de la burguesía contra el proletariado tiene que ser destruido, pues de lo contrario sería la muerte de la revolución. No tenemos nada que temer de esta destrucción del ejército burgués. Un revolucionario tiene que estimar como un mérito el haber contribuido a destruir el aparato estatal de la burguesía. Allí donde la disciplina burguesa está intacta, la burguesía es invencible. Si se quiere vencer a la burguesía no hay que tener miedo de hacerle un poco de daño.

25. El partido comunista y las clases en la sociedad burguesa

Para que pueda vencer en un país el proletariado es menester que éste sea compacto y organizado y que tenga un partido comunista, el cual tiene por misión el poseer una comprensión exacta del desarrollo del capitalismo, de las condiciones políticas y de los intereses reales de la clase obrera, a quien tiene que dirigir en la lucha. Jamas un partido ha conseguido contar en sus filas con todos los miembros de la clase que representa. Este alto grado ningún partido lo tuvo nunca.

Generalmente ingresan en un partido los elementos más avanzados de una clase, los más audaces, enérgicos, tenaces en la lucha y los más conscientes de los intereses de su clase. De esto se sigue que un partido será siempre inferior en número a la clase cuyos intereses representa. Pero por lo mismo tienen los partidos la función directiva en la lucha política. Estos conducen a la clase entera, y la lucha de las clases por el poder se manifiesta en la lucha de los partidos políticos. Para darse cuenta de la naturaleza de los partidos políticos es preciso examinar la posición de cada clase aislada en la sociedad capitalista. De esta posición se derivan determinados intereses de clase, cuya defensa constituye la esencia de los partidos políticos.

Los latifundistas.— En el primer período del desarrollo del capitalismo la economía se basaba en el trabajo semiesclavo de los campesinos. La tierra se daba en arrendamiento a cambio de tributos en especie o en dinero. Los latifundistas tenían interés en que no emigrasen los campesinos a la ciudad; por eso ponían obstáculos a toda innovación y mantenían en el campo las antiguas relaciones de semiesclavitud. Esta fue la razón que les movió a ser adversarios encarnizados de la industria. Estos latifundistas poseían antiguas propiedades feudales, no preocupándose, generalmente, ni aun de la administración de sus tierras. Vivían como parásitos, del trabajo de sus campesinos. Como corresponde a estas condiciones, los partidos de los latifundistas eran y son todavía hoy los puntales de la más negra reacción. Estos son los partidos que desean siempre la vuelta al viejo orden del dominio de los latifundistas, del zar, y el predominio de la aristocracia feudal con la completa servidumbre de los campesinos y de los obreros. Estos son los llamados partidos conservadores, o más propiamente, reaccionarios.

Como casi siempre los militaristas han salido de las filas de los latifundistas aristócratas, no nos puede extrañar el que estos partidos de latifundistas estén en inmejorables relaciones con los generales y los almirantes.

Como modelo de este género podemos poner a los «junker» prusianos (en Prusia se entiende bajo el nombre de «junker» los grandes propietarios agrarios), de los que sale la casta de los oficiales y nuestra aristocracia rusa, los llamados latifundista salvajes o «búfalos» de la clase del diputado Markof de Krupenski, etc. El Consejo de estado zarista estaba compuesto en gran parte de representantes de la clase de los grandes latifundistas. Los propietarios de la alta aristocracia son los herederos de sus antepasados que poseían miles de siervos de la gleba. En Rusia existían varios partidos de propietarios agrarios: La Unión del Pueblo Ruso, el Partido Nacionalista (capitaneado éste por Krupenski), los octubristas de derecha, etc.

La burguesía capitalista.— Esta clase tiende a sacar de la «industria nacional» el mayor provecho posible, esto es, a exprimir de la clase obrera la plusvalía. Es evidente que sus intereses no se identifican del todo con los de los agrarios. El capital, cuando penetra en el campo, destruye las antiguas condiciones, atrae a los campesinos hacia la ciudad, crea en la ciudad un enorme proletariado, suscita en el campo nuevas necesidades, nuevos deseos. Los labriegos, que siempre estuvieron llenos de mansedumbre, comienzan a «hacerse díscolos». Por esto los latifundistas aborrecen todas estas innovaciones.

En cambio, la burguesía capitalista ve en ellos la fuente de su bienestar. Cuantos más campesinos afluyan a la ciudad, más numerosa es la mano de obra disponible y más bajos pueden estar los salarios. Cuando la aldea está en decadencia, cuando ya los pequeños propietarios cesan de producir para el consumo propio los diversos productos, entonces se ven obligados a comprar todo al gran capitalista industrial. Al desaparecer las viejas relaciones de producción del campo, en las que la producción de cada pueblo podía satisfacer todas las necesidades del campesino, se agranda el mercado de la gran industria y aumenta la ganancia de la clase capitalista.

Ahí tenéis el porqué de la enemistad de la clase capitalista contra los antiguos latifundistas. Existen también capitalistas agrarios que conducen su economía empleando trabajo asalariado y máquinas. Los intereses de éstos están más próximos a los de la burguesía, y por esto suelen entrar en los partidos de la gran burguesía. Sus esfuerzos se dirigen, en primera línea, contra la clase trabajadora. Cuando ésta dirige su lucha en especial contra los latifundistas y combate a la burguesía sólo en segundo término, la vemos que se mantiene en una cierta benevolencia (por ejemplo, del 1904 a octubre de 1905). Pero cuando la clase obrera se decide realizar sus intereses comunistas y ataca a la burguesía, entonces la burguesía capitalista se alía con los latifundistas para combatir al proletariado. Los partidos de la burguesía capitalista (los llamados partidos liberales) en la actualidad mantienen una lucha encarnizada contra el proletariado revolucionario, y forman el Estado Mayor político de la contrarrevolución.

En Rusia, los partidos de esta corriente política son: el Partido de la Libertad Popular, llamado también Partido Constitucional Democrático o, comúnmente y por sus siglas (CDT), de los «Cadetes» y el partido, casi desaparecido, de los «octubristas».

La burguesía industrial, los agrarios capitalistas, los banqueros y sus defensores, los intelectuales (abogados, profesores, directores de fábrica, periodistas, etc.) forman el núcleo de estos partidos. En 1905 murmuraban contra la aristocracia, pero en el fondo temían más a los obreros y campesinos. Después de la revolución de febrero, los cadetes se pusieron a la cabeza de todos los partidos que combatían al partido de la clase obrera, o sea, los bolcheviques.

En los años 1918 y 1919, el partido de los cadetes dirigió todas las conjuras contra el poder de los sóviets, y tomó parte en el gobierno de Denikin y Kolchak. Se puso a la cabeza de la contrarrevolución y se fundió por completo en el partido de los latifundistas. De hecho, bajo la presión de la clase obrera que ataca, todos los partidos de los explotadores se unen en un solo ejército, a la cabeza del cual se coloca el partido más enérgico.

La pequeña burguesía urbana y los intelectuales pequeño-burgueses.— A esta clase pertenecen los artesanos y los pequeños comerciantes, los pequeños empleados y los profesionales a sueldo. En verdad no se trata de una clase, sino de una abigarrada mezcolanza. Todos estos elementos son, unos más, otros menos, explotados por el capital. Generalmente trabajan todo lo humanamente posible. En el transcurso del desarrollo capitalista, muchos de ellos se arruinan. Sus condiciones de trabajo son de tal naturaleza, que no se dan cuenta de un golpe de su situación desesperada en el régimen capitalista. Tomemos como ejemplo a un artesano. Trabaja como una bestia, es explotado por el capital por todas partes: por el usurero que le presta dinero, por la empresa para la cual trabaja, etc. Pero tiene la ilusión de que es un «patrono independiente», teniendo orgullo en que no le confundan con los obreros, imitando en todo a los «señores», porque espera convertirse en señor. Esta presunción y ambición suya lo acerca más de los explotadores que de la clase obrera, a pesar de que es más pobre que las ratas. Los partidos pequeñoburgueses aparecen, por lo general, bajo la forma de partidos «radicales», «republicanos» o muchas veces, «socialistas». Es de una gran dificultad convencer al artesano de su falsa posición, que no es culpa suya sino de su desgracia.

En Rusia, aún más que en otros países, los partidos pequeñoburgueses solían esconderse bajo la máscara socialista, como eran los partidos «socialistas populares», los «socialistas revolucionarios» y en parte los mencheviques. Hay que advertir que los «socialrevolucionarios se apoyaban sobre todo en los pequeños y grandes agricultores.

La clase campesina.— La clase campesina asume en el campo una posición similar a la de la pequeña burguesía en la ciudad. Los campesinos en el régimen capitalista no forman en realidad una clase estable, sino varias clases en continua fluctuación. Una parte de ellos, los más pobres, se ven obligados a trabajar como asalariados. Los más ricos aumentan su propiedad, mejoran sus medios de producción, emplean a otros obreros; en una palabra, se hacen empresarios capitalistas. Hay que distinguir entre los campesinos por lo menos tres grupos: la burguesía agraria, que explota a los trabajadores asalariados; los campesinos medios, que tienen tierra propia y no explotan asalariados, y, por último, los semiproletarios y proletarios.

Se comprende que estos tres grupos adopten en la lucha de clase entre proletariado y burguesía una posición distinta, en correspondencia a sus situaciones respectivas. Los grandes campesinos suelen estar aliados con la burguesía y, a veces, hasta con los latifundistas. En Alemania, por ejemplo, están los «grandes campesinos» con los curas y los latifundistas en la misma organización; lo mismo pasa en Suiza, en Austria y en parte de Francia. En Rusia los «usureros» del pueblo han apoyado, en 1918, todos los manejos contrarrevolucionarios. Los estratos semiproletarios y proletarios ayudan, como es natural, a los obreros en su lucha contra la burguesía y los grandes campesinos. La posición de los campesinos medios es un poco más complicada.

Si los campesinos medios comprendiesen que en el régimen capitalista para la mayoría de ellos no hay salida, pues pocos podrán hacerse ricos, mientras que los más tienen que llevar una vida agitada, ayudarían resueltamente a los obreros. La desgracia de ellos está en tener la mentalidad de los artesanos y de la pequeña burguesía urbana. Cada uno espera en el fondo de su alma hacerse rico. Por otra parte, es explotado por el capitalista, el latifundista y el usurero. El campesino medio oscila entre el proletariado y la burguesía. No puede ponerse sin reservas en el terreno de la clase obrera, y por otro lado, teme al latifundista como al fuego.

La cosa es, en particular, evidente en Rusia, Al principio, los campesinos medios ayudaron a los obreros contra los latifundistas y los grandes campesinos; más tarde, temiendo estar peor en la «comuna» y alentados por los grandes campesinos, tomaron una posición hostil hacia los obreros, pero cuando el peligro de la vuelta de Denikin y Kolchak se pasó, apoyaron de nuevo a los obreros.

Las mismas relaciones se manifestaron en la lucha de partidos. Los campesinos medios siguieron, ora el partido de los obreros (partido comunista o bolchevique), ora el de los grandes campesinos y usureros (partido social-revolucionario).

La clase obrera (el proletariado) representa la clase que «no tiene nada que perder más que las cadenas». Esta, además de estar explotada por el capitalismo, el desarrollo histórico la ha fundido en una masa potente, habituada a trabajar y luchar junta. Por eso la clase obrera es la clase más progresiva de la sociedad capitalista. Por eso también un partido es el más avanzado, el más revolucionario que pueda existir.

Es, pues, natural que el objeto de este partido sea la revolución comunista. Para llegar a esa meta, el partido del proletariado debe ser intransigente. Su misión no es la de parlamentar con la burguesía, sino aniquilarla y romper su resistencia. Este partido tiene que poner en evidencia la antítesis irreconciliable entre los intereses de los explotadores y de los explotados.

¿Qué posición debe tomar nuestro partido frente a la pequeña burguesía?

Por lo que arriba hemos dicho, nuestra posición está clara. Debemos demostrar por todos los medios a la pequeña burguesía que toda esperanza de una vida mejor bajo el capitalismo es una mentira y un autoengaño. Tenemos con paciencia y constancia que hacer comprender al campesino medio que él debe pasarse resueltamente al campo del proletariado y luchar junto a él. Tenemos que demostrarles que con la victoria de la burguesía ganarían sólo los grandes campesinos usureros, que se convertirían en nuevos latifundistas. En una palabra, tenemos que traer a todos los trabajadores a que se entiendan con el proletariado y llevarlo al terreno de la clase obrera. La pequeña burguesía y el proletariado están llenos de prejuicios que son hijos de sus condiciones de vida. Nuestro deber consiste en hacerles ver con evidencia el estado real de las cosas, esto es, que no hay esperanza bajó el capitalismo para la condición del artesano y del campesino trabajador. En la sociedad capitalista el campesino tendrá siempre sobre el cuello al latifundista, y únicamente después de la victoria y la consolidación del poder del proletariado, la vida económica y social podrá cambiar de aspecto. Pero como el proletariado no puede vencer sino gracias a su unión y organización y con la ayuda de un partido fuerte y resuelto, nosotros debemos atraer a nuestras filas a todos los trabajadores, que anhelan una vida nueva y han aprendido a vivir y a luchar como proletarios.

La importancia que tiene la existencia de un partido comunista fuerte y batallador la vemos en el ejemplo de Alemania y Rusia. En Alemania, donde hay un proletariado muy adelantado, no había antes de la guerra un partido luchador de la clase obrera como el de los comunistas rusos (bolcheviques). Sólo durante la guerra los compañeros Karl Liebknecht, Rosa Luxemburgo y otros se pusieron a organizar un partido comunista. Por esto los obreros alemanes no lograron en 1918-19 vencer a la burguesía, a pesar de la serie de insurrecciones que realizaron. En cambio, en Rusia, donde existía un partido revolucionario; el proletariado tuvo una buena dirección y, a pesar de todas las dificultades, fue el primer proletariado que supo sublevarse de una manera tan resuelta y vencer tan pronto. Nuestro partido, en este respecto, puede servir de modelo a todos los demás partidos comunistas. Su cohesión y disciplina son admirables. Es realmente el partido más combativo, el partido director de la revolución proletaria.

Capítulo IV: CÓMO EL DESARROLLO DEL CAPITALISMO CONDUCE A LA REVOLUCIÓN COMUNISTA

26. El capital financiero

Ya dijimos que entre los capitalistas aislados siempre hubo continuas luchas a la caza del comprador, luchas en las que siempre vencieron los grandes capitalistas. Los pequeños capitalistas se arruinaron, mientras que el capital y toda la producción se concentraron en manos de los capitalistas más poderosos. (Ver *18. Concentración y centralización del capital*) Hacia los últimos decenios del siglo pasado el capital estaba ya bastante centralizado. En lugar de las empresas individuales aparecieron en gran número las sociedades anónimas, esto es, las «cooperativas por acciones», las cuales son, naturalmente, sociedades de capitalistas.

¿Qué significan éstas y cuáles fueron sus orígenes? La cosa es bien clara. Toda empresa necesitaba para empezar un capital relativamente grande. Una empresa que se constituyese con capitales escasos tenía poca probabilidad de poder resistir la competencia de los grandes capitalistas que la cercaban por todas partes. Por esto toda empresa nueva que quisiera vivir y prosperar tenía que estar desde el principio organizada sobre una vasta escala. Pero esto no era posible si no disponía de un fuerte capital. Para llenar esta necesidad nació la sociedad por acciones, cuya esencia consiste en el hecho de que en ella algunos capitalistas ponen en circulación los capitales de los pequeños capitalistas, y aun hasta los ahorros de un grupo no capitalista (pequeño-burgueses, campesinos, empleados, etc.). Todo consiste en que cada uno invierte una o varias cuotas y recibe en cambio un título llamado «acción» que le da el derecho de percibir una parte de las ganancias Con esto se obtiene, por la acumulación de muchas pequeñas cantidades, un gran «capital social».

Al aparecer esta nueva clase de sociedad, muchos científicos burgueses, a los que también siguieron muchos socialistas reformistas, declararon que empezaba una nueva época: el capitalismo ya no llevaría el dominio de un pequeño grupo de capitalistas, sino que todo asalariado o estipendiado podría adquirir con sus ahorros acciones, convirtiéndose así en capitalista. El capital se haría cada vez más «democrático», y llegaría el día en que desaparecería sin revolución la diferencia entre capitalista y obrero.

El desenvolvimiento de los acontecimientos demostró que todas estas profecías eran absurdas. Sucedió precisamente todo lo contrario. Los grandes explotaron sencillamente a los pequeños en su provecho, y la concentración del capital progresó aún más aprisa que antes, porque entraron en lucha también las grandes sociedades por acciones entre sí.

Se comprende fácilmente que los grandes accionistas hayan conseguido hacer de los pequeños sus satélites. Los pequeños accionistas casi siempre residen en otra ciudad, y no tienen medios para hacer un viaje de centenares de kilómetros para participar en una asamblea de accionistas. Pero aun cuando un cierto número de pequeños accionistas tome parte en ellas, lo hacen sin estar organizados. En cambio, los grandes accionistas están organizados y consiguen por esto realizar todos sus fines. La experiencia ha demostrado que basta con que tengan en sus manos los grandes accionistas un tercio de las acciones para que sean los dueños absolutos de la empresa entera.

Pero la concentración y la centralización del capital no se para aquí. En los últimos años, en el puesto de las sociedades anónimas aparecieron asociaciones capitalistas, los llamados sindicatos y los trusts.

Supongamos que en un ramo de la industria, por ejemplo, en la textil o en la metalúrgica, hayan desaparecido todos los pequeños capitalistas y sólo hayan quedado en pie cinco o seis de las mayores empresas para sostener la producción. La competencia que se hacen éstas entre sí tiene como resultado que los precios bajan y, por tanto, disminuye la ganancia. Sigamos suponiendo que algunas de estas empresas sean más fuertes que las otras. En tal caso, los más fuertes continuarán la lucha de competencia hasta que llegue un momento en que todas tengan la misma fuerza: habrán llegado poco a poco a la misma producción, a las mismas máquinas, al mismo número de obreros, y, por tanto, el precio de coste será igual. En tal caso, la lucha no puede ser vencida por ninguna; todas se irán agotando en la misma medida, la ganancia de todos disminuirá. Los capitalistas llegarán forzosamente a esta conclusión: ¿por qué vamos a estarnos bajando los precios mutuamente? ¿No sería mejor para nosotros el unirnos y robar al consumidor en común? Si nos unimos ya no habrá más competencia, y estando todas las mercancías en nuestras manos podemos hacer subir los precios a nuestro beneplácito.

De esta forma indicada surge una asociación de capitalistas: el sindicato o el trust. Entre sindicato y trust existe la siguiente diferencia: los capitalistas organizados en un sindicato se comprometen a no vender las mercancías más bajas de un precio establecido, a dividir entre sí los pedidos y a repartirse el mercado, etc.; pero la dirección del sindicato no tiene el derecho, por ejemplo, de cerrar un establecimiento, y todo miembro del sindicato conserva hasta un cierto punto su independencia. En cambio, la dirección de un trust tiene el derecho de cerrar una empresa, de organizaría sobre otra base, de transferirla a otro sitio si ello conviene a todo el trust. Naturalmente que el propietario de esta empresa continúa gozando de sus ganancias; pero por encima de todo impera la estrecha y fuerte unión de los capitalistas, el trust.

Los sindicatos y los trusts dominan casi por entero el mercado. No temen la competencia, porque la han suprimido previamente. En el puesto de la competencia han colocado al monopolio[4] capitalista, esto es, el dominio del trust.

Con esto la competencia ha sido lentamente destruida por la concentración y centralización del capital. La competencia se devoró a sí misma. A medida que se acentuaba progresaba la centralización. Hasta que, finalmente, la concentración del capital, provocada por la competencia, mató a la competencia misma. En lugar de la libre competencia apareció el dominio de las asociaciones de monopolio, de las sindicatos y de los trusts.

Basta citar algunos ejemplos para demostrar el enorme poder que tienen los trusts y los sindicatos. La parte que tuvieron los sindicatos en la producción, en los Estados Unidos, en 1900, o sea al comienzo del siglo XX, fue la siguiente: en la industria

4 La palabra «monopolio» se deriva del griego «monos» (uno, único) y «polis» (estado, administración y poder).

textil más del 50 % en la del vidrio el 54 %, en la del papel el 60 %, en la metalúrgica el 1,84 %, en la siderúrgica el 1,84 %, en la química el 1,81 %, etc. En el tiempo transcurrido este tanto por ciento ha aumentado considerablemente; de hecho, la producción total de América está concentrada en las manos de los trust: del trust del petróleo y del trust del acero. De estos dos trust dependen todos los demás. En 1913, en Alemania, el 92,6 % de la producción del carbón en la cuenca renana-westfaliana estaba en manos de un solo sindicato; el sindicato del acero producía casi la mitad del acero producido en todo el país, el trust del azúcar producía el 70 % del mercado interno y el 1,80 del externo, etc.

Aun en la misma Rusia, una serie de industrias se encontraban bajo el dominio monopolizado de los sindicatos. El sindicato «Produgol» extraía el 60 % de todo el carbón del Bonest, el sindicato «Prodameta» agrupaba el 1,88 %, la «Krorolja» el 60 % de las láminas onduladas, la «Prodwagon» 14 de las 16 empresas de construcción, el sindicato del azúcar la totalidad de la producción» (100 %). Según el cálculo de un economista suizo, ya en el principio del siglo XX la mitad de todos los capitales del mundo se encontraban en manos de los sindicatos y de los trusts.

Los sindicatos y los trusts no centralizan únicamente empresas de una sola industria. Cada vez con más frecuencia se forman trusts que comprenden varias industrias. ¿Cómo sucede esto?

Todos los ramos de la producción están ligados por la compra y la venta. Tomemos, por ejemplo, la producción del hierro y la antracita. Aquí se trata de un producto que sirve a las fundiciones y a los establecimientos metalúrgicos como materia prima. Estos últimos construirán máquinas, que servirán a su vez a varios otros ramos de la industria. Supongamos un propietario de una fundición de hierro. Este necesita comprar hierro y carbón. Tiene, pues, interés en adquirir estos dos materiales a buen precio. ¿Pero cómo, si el hierro y el carbón se encuentran en manos de otro sindicato? En tal caso se inicia entre los dos sindicatos una lucha que termina, o con la victoria de un sindicato sobre otro, o con la fusión de los dos. Tanto en un caso como en el otro, surge un nuevo sindicato que abraza dos ramos de producción. De este modo se pueden unir, no sólo dos, sino tres o diez industrias, etc.

Las empresas de este género se llaman empresas compuestas o también combinadas.

No sólo se realiza la fusión de varios ramos de la economía con la formación de empresas combinadas. Existe un fenómeno que es más importante que estas empresas combinadas. Se trata de la dominación de los bancos.

Permítasenos hacer unas cuantas observaciones preliminares sobre los bancos.

Vimos que desde que la concentración y centralización del capital alcanzó ya un alto grado de desarrollo, se hizo sentir la necesidad de fuertes capitales para la fundación de nuevas empresas. La organización de empresas nuevas requería cada vez mayores capitales.

Veamos ahora cómo emplea el capitalista su ganancia. Una parte la consume personalmente para su nutrición, casa, trajes, etc., y el resto la acumula. ¿De qué modo tiene lugar esta acumulación de la ganancia? ¿Es que puede en cualquier momento dado estar en condiciones de agrandar su hacienda? No, por la sencilla razón de que la ganancia la obtiene, aunque continuamente, también de un modo gradual, a medida que es producida y vendida la mercancía. Pero el provecho tiene que llegar a una cantidad alta para que pueda ser empleada en el aumento del negocio. Hasta entonces el dinero no puede ser utilizado y yace inerte en las cajas de caudales. Y esto no le sucede sólo a un capitalista, sino a todos. Existe siempre un capital disponible. Pero, como hemos visto antes, existe también una demanda de capital. Por un lado, hay siempre cantidades superfluas que permanecen inutilizadas, y, por otro, existe siempre una demanda de dinero.

Cuanto más de prisa se centraliza el capital, tanto mayor es la demanda de grandes capitales y tanto mayor es la cantidad disponible. Estos factores enumerados son los que precisamente aumentan la importancia de los bancos. Para que este dinero no quede sin fruto, el industrial lo deposita en una banca, y ésta lo presta a los industriales que lo necesitan para el engrandecimiento de alguna hacienda antigua o para la fundación de una nueva. Con la ayuda de este capital los capitalistas extraen de la fuerza-trabajo nueva plusvalía, que les permite pagar los intereses de los préstamos recibidos de los bancos, los cuales restituyen una parte de tal cantidad a sus acreedores, mientras que se guardan el resto como ganancia bancaria. Este es el funcionamiento y el engranaje de los bancos. En los últimos tiempos la importancia y la actividad de los bancos ha crecido enormemente Los bancos absorben cada día mayor capital y lo invierten en la industria. El capital bancario empleado en la industria se hace capital industrial. La industria viene a caer en la dependencia de los bancos, que la sostienen y la nutren con su capital. El capital bancario se funde con el capital industrial y se convierte en capital financiero.

El capital financiero une, por medio de los bancos, todas las ramas de la industria de un modo más conveniente que en las empresas combinadas.

Tomemos cualquier gran banca. Esta apoya financieramente no sólo una, sino muchas empresas y sindicatos. Tiene, por tanto, interés en que estas empresas no se combatan entre sí. La banca las une. La política de ésta tiende continuamente a realizar la función de estas empresas en una organización única; la banca se convierte así en la protectora de toda la industria, de toda una serie de bancos industriales. Los fiduciarios de la banca son nombrados directores de trusts, sindicatos, etc.

Por último, nos encontramos en presencia de la siguiente situación: toda la industria nacional está, unida en los sindicatos, trusts y empresas combinadas; el medio de unión son los bancos; a la cabeza de toda la vida económica está un pequeño grupo de grandes banqueros, que dominan toda la industria. El poder estatal es el ejecutor de la voluntad de estos financieros.

Donde mejor se puede observar este fenómeno es en América. En los Estados Unidos el gobierno «democrático» de Wilson no es otra cosa sino un servidor de los trusts americanos. El Parlamento sólo vota las leyes que han sido aprobadas en los palacios de los grandes banqueros e industriales. Los trusts gastan sumas fabulosas para la corrupción de los diputados, para las campañas electorales, etc. Refiere un escritor americano (Myers) que en el 1904 se gastaron para esta corrupción 364.355 dólares por el trusts Mutual, 172.698 dólares por el Equitable y 204.019 dólares por el New York. El yerno de Wilson, el Ministro de Hacienda Mac Adu, es uno de los más grandes banqueros e industriales. Los diputados, senadores, ministros, son simples dependientes o socios de los grandes trusts. El poder de la «libre república» no es más que una organización para la explotación del pueblo.

En resumen, podemos afirmar que, bajo el reino del capital financiero, el país capitalista se transforma en un enorme trust combinado, a la cabeza del cual están los bancos, y cuyo comité ejecutivo está representado por el poder estatal burgués. América, Inglaterra, Francia, etc., son trusts capitalistas de estado, potentes organizaciones de los grandes banqueros y magnatarios industriales, que dominan y explotan millones de obreros, esclavos asalariados.

27. El capitalismo

El capital financiero elimina hasta cierto punto la anarquía de la producción capitalista en los países aislados. Aquí se le podría ocurrir a alguno preguntar: ¿En ese caso no se resuelve una de las antítesis fundamentales del capitalismo? ¿No hemos dicho que el capitalismo tiene que tener un fin por faltarle organización?

La verdad es que la anarquía de la producción y la competencia, en realidad, no son eliminadas del todo. Es decir, que eliminadas por una parte se presentan aún más acentuadas por otra. Ahora trataremos de explicar esto detalladamente.

El capitalismo actual es un capitalismo mundial. Todos los países dependen entre por sí por la compra y venta de las mercancías. No existe hoy ningún país que no esté sujeto al capital que produzca todo lo que necesita.

Una cantidad de productos sólo pueden ser obtenidos en determinados países. Las naranjas no se dan en las tierras frías. El café, el cacao, el caucho, sólo crecen en los países tropicales. El algodón se cultiva en los Estados Unidos, en Egipto, en la India y en el Turkestán, etc., donde lo exportan a todo el mundo. De carbón sólo disponen Inglaterra, Alemania, los Estados Unidos, Checoeslovaquia y Rusia. Italia, que no tiene carbón, depende en este respecto de Inglaterra y de Alemania. El grano se exporta de América, de la India, de Rusia y de Rumanía, etc.

Además de esto, algunos países están más adelantados que los demás. Estos últimos se convierten en mercados para los productos industriales de aquéllos. Los artículos de hierro y acero los proveen, sobre todo, los Estados Unidos, Inglaterra y Alemania; los productos químicos los exporta, sobre todo, Alemania.

De este modo, un país depende de otro. Hasta qué punto pueda llegar esta dependencia nos lo muestra el caso de Inglaterra, que tiene que importar de las 3/4 a los 4/5 del grano y la mitad de la carne que consume, y exportar la mayor parte de sus productos industriales.

¿Elimina el capital financiero la competencia en el mercado mundial? ¿Crea, acaso, el capital financiero, al asociar los capitales en los países aislados, una organización mundial? Ciertamente, no. Con la organización de los grandes empresarios en trusts capitalistas-estatales, la competencia y la anarquía de la producción es mal o bien eliminada; pero sólo para dar lugar a una lucha aún más encarnizada entre los mismos trusts capitalistas-estatales. Esto es un fenómeno característico de la centralización del capital: con la ruina de la pequeña industria disminuye el número de competidores y aparece, en lugar de la competencia de los distintos capitalistas, la lucha de los trusts. El número de estos últimos es muy inferior al de los capitalistas aislados; pero la lucha que sostienen es más encarnizada y destructora. Una vez que los capitalistas de un país han arruinado a todos los pequeños empresarios y se han unido en un trust capitalista-estatal, el número de los competidores se reduce aún más. Entonces se presentan como competidores las grandes potencias capitalistas. La lucha entre ellos tiene por consecuencia tales gastos y destrucciones como jamás se soñó. Porque la competencia de los trusts capitalistas se manifiesta en tiempo de paz en gastos para los armamentos y termina en la guerra destructora.

El capital financiero destruye la competencia en el seno de los estados aislados; pero da lugar a una competencia despiadada entre los estados.

¿Por qué razones la competencia de los estados capitalistas tiene forzosamente que conducir a la política de conquista, a la guerra? ¿Por qué dicha competencia no puede desenvolverse de un modo pacífico? Dos fábricas que se hacen la competencia no se lanzan cuchillo en mano a degollarse mutuamente, sino buscan en una lucha pacífica el atraerse a los clientes. ¿Por qué entonces la competencia en, el mercado mundial tiene que asumir una forma tan violenta y armada? Para explicarnos esto tenemos ante todo que examinar qué transformaciones haya debido sufrir la política de la burguesía al superar el antiguo capitalismo de la libre competencia con el nuevo, caracterizado por el dominio del capital financiero.

Empecemos con la llamada política arancelaria. En la lucha entre los distintos países, el poder estatal,

que siempre defiende a sus capitalistas compatriotas, había encontrado ya hace mucho tiempo en los
aranceles un medio de lucha y defensa de su propia burguesía. Cuando, por ejemplo, los industriales
textiles rusos temían que la competencia alemana o
inglesa pudiera provocar una baja en los precios, el
servicial gobierno del país se apresuraba a gravar los
tejidos ingleses o alemanes con un fuerte derecho
de Aduana. Naturalmente que estos derechos de
Aduana impedían la importación de mercancías ex-
tranjeras en Rusia. Los industriales declaraban que
la Aduana era la protección necesaria a la industria
nacional. Pero si examinamos la cosa de cerca, veremos que las razones son otras. ¿Es que no es raro
que los propios países más poderosos, América el
primero, hayan establecido aranceles prohibitivos?
¿Se puede pensar que la competencia extranjera les
hubiese perjudicado?

Supongamos que la industria textil de un país
esté monopolizada por un sindicato o un trust.
¿Qué consecuencias tiene la introducción del derecho de Aduana? En este caso los capitalistas matan
dos pájaros de un tiro: en primer lugar, apartan la
competencia extranjera, y en segundo lugar, pueden
aumentar, sin riesgo alguno, los precios de las mercancías por el valor total del importe de la Aduana.
Supongamos que se aumente en un rublo la importación de un metro de tejido. En ese caso los capitalistas de la industria textil podrán aumentar el precio
de su mercancía en un rublo o noventa kopecs, por
lo menos. De no existir el sindicato la competencia
entre los distintos capitalistas determinaría automá-
ticamente un equilibrio de los precios. El sindicato
puede, en cambio, aumentar sin más el precio: el
extranjero está alejado por lo alto de la Aduana, y

la competencia interna ha sido eliminada de ante-mano. El estado capitalista, mediante los aranceles, aumenta sus ingresos, y el sindicato, con el aumento de precios, obtiene una sobre-ganancia.

Con esta sobreganancia, los barones del sindica-to tienen la posibilidad de exportar sus mercancías y vender en el extranjero, con el solo fin de hacer daño a sus competidores en el extranjero. Así, por ejemplo, el sindicato ruso del azúcar mantenía los precios en Rusia altos, mientras vendía en Inglaterra el azúcar a precios muy bajos, con la única intención de arruinar a los competidores. Esto llegó a tal extremo, que cir-culaba en Inglaterra el dicho «con azúcar rusa se ce-ban los cerdos». Los aranceles sirven, pues, a los baro-nes de los sindicatos para que puedan robar con toda tranquilidad a los propios connacionales y adueñarse de los compradores extranjeros.

Todo esto trae graves consecuencias. Es evidente que la plusvalía, sacada por los barones del sindicato, aumenta con el número de los rebaños humanos que se dejan encerrar entre los confines de las ba-rreras arancelarias. Si esta barrera encierra tan sólo un territorio pequeño, la ganancia no será grande. Si, por el contrario, ésta abarca un vasto territorio dotado de gran población, la ganancia realizable será grande y permitirá operar sobre el mercado con au-dacia y en la seguridad de un éxito seguro.

He aquí por qué la frontera arancelaria coincide generalmente con los confines estatales. ¿Cómo se pueden agrandar estos últimos? ¿Cómo se puede arrebatar a otro país un pedazo de su territorio e incorporarlo al organismo estatal propio? ¡Con la guerra! Por esto el predominio de los capitalistas indicados va siempre unido a guerras de conquista. Todo estado capitalista tiende al «alargar sus confines». Lo exigen así los barones de los sindicatos, los intereses del capital financiero. Pero alargar los confines significa en lenguaje llano hacer la guerra.

Es evidente que la política arancelaria de los sindicatos y trusts, que está ligada a su política económica en el mercado mundial, lleva a los más violentos conflictos internacionales. Pero existen además otras causas concomitantes.

Vimos que el desarrollo de la producción trae la consecuencia de una continua acumulación de plusvalía. Por tanto, en todo país capitalista desarrollado aumenta continuamente el capital sobrante, por lo cual da un menor interés que un país económicamente atrasado. Cuanto más grande es en un país la cantidad de capital sobrante, tanto más fuerte se hace la tendencia a exportar el capital, a invertirlo en otro país. Dicha tendencia es grandemente favorecida por la política arancelaria.

Los aranceles impiden la importación de mercancías. Cuando los capitalistas rusos gravaron extraordinariamente las mercancías alemanas, los industriales alemanes no podían vender a Rusia. ¿Qué hicieron al verse privados de exportar a Rusia? Comenzar a exportar sus capitales a Rusia, donde construyeron fábricas y oficinas, adquirieron acciones de empresas rusas y fundaron otras nuevas. ¿Podían los aranceles impedir que hicieron esto?

Claro que no. Al contrario, en vez de impedirlo lo favorecían, por la sencillísima razón de que el capitalista alemán que poseía una fábrica en Rusia y, por tanto era miembro de algún sindicato, encontraba en los aranceles rusos un medio de embolsarse la sobreganancia. Las aduanas rusas le daban el medio de robar a los consumidores en compañía de sus colegas rusos.

El capital no se exporta de un país a otro únicamente para fundar o ayudar a empresas industriales. Muchas veces se presta a un estado extranjero capital para recibir intereses (es decir, que el estado que acepta un préstamo aumenta su deuda pública y se convierte en deudor de otro estado). En estos casos el estado deudor se compromete a hacer todos sus empréstitos (gastos de guerra) con los capitalistas del estado acreedor. Con este procedimiento afluyen enormes capitales de un país a otro, donde se invierten parte en construcciones y empresas, y parte, en la deuda pública.

Bajo el reino del capital financiero, la exportación del capital alcanza proporciones inmensas.

Como ejemplo vamos a aducir algunos datos, que hoy han sido superados, pero que aún pueden aportar alguna luz. En 1902 Francia poseía 35 mil millones de francos repartidos en 26 estados, la mitad ele ellos en empréstitos de estado. La mayor parte de estos empréstitos había sido empleada en Rusia (diez mil millones). (El odio de la burguesía francesa contra la Rusia de los sóviets se explica con el hecho de que la Rusia de los sóviets no reconoce las deudas del gobierno zarista y se niega a pagar a los usureros franceses.) En 1905 el total del capital exportado llegaba a cuarenta mil millones.

La exportación del capital es de una gran importancia política. Las grandes potencias luchan por la supremacía en los países en los que se proponen colocar sus capitales. Aquí hace falta tener en cuenta que los capitalistas que invierten sus capitales en un país extranjero ya no arriesgan una partida de mercancías, sino cantidades enormes, que ascienden a millones y miles de millones. Es, pues, natural que esto suscite en ellos el deseo de tener sujetos por completo a los pequeños países deudores, teniendo como salvaguarda de sus capitales a los ejércitos. Los estados acreedores tienden a anexionar estos países al propio poder estatal, a conquistarlos. Los diversos grandes estados de rapiña atacan a los pequeños países y es natural que allí choquen los competidores, como ha sucedido. Por tanto, también la exportación de capitales conduce a la guerra.

Con el establecimiento de aduanas protectoras se recrudece enormemente la lucha por la posesión de los mercados. Al comenzar el siglo XX ya no existían países libres adonde exportar mercancías o capitales. Los precios de las materias primas, como los metales, la lana, la madera, el carbón, el algodón, etc., aumentaban.

En los últimos años antes de la guerra se había iniciado la caza de nuevas fuentes de materias primas. Los capitalistas de todo el mundo se desvivían por encontrar nuevas minas y nuevos mercados para exportar los productos propios y explotar a nuevos consumidores. En otras épocas, los distintos países se hacían en un país determinado la competencia «pacíficamente». Con el dominio de los bancos y de los trusts las cosas han cambiado de aspecto. Supongamos que se han descubierto nuevos yacimientos de cobre. Inmediatamente aparecerá una banca o un trust que se apoderará de esta nueva riqueza y establecerá su dominio monopolístico. A los capitalistas de otros países no les queda otro recurso que lamentarse con el viejo proverbio ruso: «Lo que se cae del carro se pierde para siempre.» Lo mismo pasa no sólo para las materias primas, sino también para los mercados. Supongamos que penetre capital extranjero en una colonia lejana. En seguida se organiza la venta en gran escala de mercancías. Generalmente hay alguna gran casa que toma la iniciativa, disemina en todo el país sus sucursales y busca, con el apoyo del poder local o valiéndose de otras mil intrigas, monopolizar todo el comercio, alejando a sus competidores. Es claro que el capital monopolista, los trusts y los sindicatos tienen que operar en gran escala. Los buenos tiempos antiguos ya han pasado, y hoy las luchas son las de los bandidos monopolistas por la conquista de los grandes mercados mundiales.

El desarrollo del capital financiero debía necesariamente recrudecer la lucha por la conquista de los mercados y de las fuentes de materias primas y conducir a los conflictos más violentos.

En el último cuarto del siglo XIX, los grandes estados se apoderaron de muchos pequeños países. De 1876 a 1914, las llamadas «grandes potencias» se han anexionado cerca de 25 millones de kilómetros cuadrados. La superficie de los territorios que robaron supera al doble de la extensión del Continente europeo. Los grandes bandidos se han dividido el mundo entre sí; han transformado todos los países en colonias suyas, en países tributarios y esclavizados.

He aquí algunos ejemplos: Inglaterra, a partir de 1870, conquistó en Asia: Beluchistán, Birmania, Chipre, Borneo septentrional y algunos territorios cerca de Hong-Kong, agrandó sus colonias del Estrecho, anexionó la península del Sinaí, etc. Su Australia se apoderó de una serie de islas, de la parte oriental de Nueva Guinea, de gran parte de la isla de Salomón, de la de Tongo, etc. En África extendió su dominio sobre Egipto, el Sudán con Uganda, el África oriental, la Somalia británica, Zanzíbar, Pemba, conquistando además las dos Repúblicas del Transvaal, la Rhodesia, el África central británica, etc.

Francia, desde 1870, sojuzgó a Aunis, conquistó Tonkin, se anexionó Laos, Túnez, Madagascar, los vastos territorios del Sahara, el Sudán y la Guinea; adquirió territorios en la costa del Marfil, Da-ho-mey, Somalia francesa, etc. La superficie de las colonias francesas al principio del siglo XX equivalía a veinte veces la de Francia.

Las colonias inglesas son cien veces mayores que la «madre patria».

Alemania participó desde 1884 en todas las empresas de bandidaje, y logró en este breve tiempo conquistar vastos territorios.

También la Rusia zarista llevó una política de conquistas, especialmente en Asia, provocando un conflicto con el Japón.

Los Estados Unidos se adueñaron de numerosas islas en las cercanías de la costa americana para después extender su política de rapiña sobre la Tierra Firme. Particularmente infame fue su política en México.

Estas bandas de bandidos primero se dirigieron a los pequeños países inermes y débiles, que fueron los primeros en perder la independencia. Así como en la lucha entre industriales y artesanos debían sucumbir estos últimos, así también los pequeños estados fueron aniquilados por los grandes trusts estatales, realizándose de este modo la centralización del capital en la economía mundial. Los pequeños estados se arruinaron o perdieron su independencia, mientras los grandes estados bandoleros se enriquecieron y aumentaron su extensión y potencia.

Una vez que terminaron de despojar al mundo entero, se acentuó la lucha entre ellos. Desde ese momento tenía que venir una gran lucha por el reparto del mundo, una lucha a vida o a muerte, en

que sólo tomarían parte las grandes potencias due-
ñas del mundo.

La política de la conquista, que conduce al capitalismo financiero en su lucha por los mercados,
por las fuentes de materias primas y de territorios
donde pueda emplear el capital y sus reservas, se llama imperialismo. El imperialismo es hijo del capital
financiero. Así como los tigres no pueden nutrirse
con yerba, del mismo modo el capital financiero no
podía, ni puede, llevar otra política que no sea la
de la conquista, la rapiña, la violencia y la guerra.
Cada uno de los trusts capitalistas financieros pretende conquistar todo el mundo, fundar un Imperio
mundial en el que domine un pequeño número de
capitalistas de la nación vencedora.

El imperialismo inglés sueña con «una Inglaterra
más grande», que dominaría el mundo entero y en la
que los dueños de los trusts ingleses tendrían bajo su
férula negros y rusos, alemanes y chinos, indios y ar-
menios; en una palabra, millones de esclavos blancos,
negros, amarillos y rojos. Inglaterra se puede decir
que casi ha llegado a este punto. Comiendo le crece
el apetito. Lo mismo les pasa a los demás imperialistas. Los imperialistas rusos sueñan con «una gran
Rusia»; los alemanes, con «una gran Alemania», etc.

Es cosa axiomática que de este modo el dominio
del capital financiero tenía que lanzar a la humanidad entera a guerras sangrientas en provecho de los
banqueros y de los grandes trusts, guerras que no se
hacían en defensa del país propio, sino por la conquista de países extraños, para sojuzgar el mundo al
capital financiero del país vencedor. Una de estas
guerras fue la guerra mundial de 1914-1918.

28. EL MILITARISMO

El dominio del capital financiero, de los banqueros y de los grandes trusts se manifiesta además en otro fenómeno notabilísimo: en el aumento continuo de los gastos en armamento para el Ejército y la Marina. Esto es bien comprensible. Antes ningún bandido hubiera soñado con un dominio mundial. Pero hoy los imperialistas esperan poder realizar su sueño y, por tanto, es muy natural que hagan todos los esfuerzos para estar preparados para esta lucha. Las grandes potencias roban continuamente tierras a los pequeños países, y tienen que estar alerta con el objeto de que cualquier vecino, animal de rapiña también, no les ataque. De aquí nace la necesidad para toda gran potencia de mantener un fuerte ejército, no sólo para las colonias y para tener sujetos a los obreros, sino también para la lucha contra los camaradas en bandidaje.

Toda innovación que introducía una potencia en el campo militar suscitaba en las demás el deseo de superarla para no llevar la peor parte. De esta incitación recíproca surgió la locura de los armamentos, que, a su vez, dio origen a empresas gigantescas y a trusts de magnatarios de cañones: los Putilov, Krupp, Armstrong Wikers, etcétera. Estos trusts de los cañones, que obtienen ganancias enormes, están en íntima relación con los estados mayores de los diversos países y buscan por todos los modos el echar leña al fuego para provocar siempre nuevos conflictos, porque las ganancias de ellos dependen de la guerra.

Los trusts se rodearon de una selva de bayonetas. Todo estaba preparado para la lucha mundial. Los gastos para el ejército y la flota aumentaban cada año más en los presupuestos de todos los estados. En Inglaterra, por ejemplo, los gastos para el ejército y la flota constituían en 1875 el 38,6 %, o sea más de un tercio, y en el 1907-1908, el 48,8 %, o sea casi la mitad de los gastos generales. En los Estados Unidos los gastos de. armamentos constituían el 56,9 %. Lo mismo ocurría en los otros países. El «militarismo prusiano» florecía en todos los grandes trusts estatales. Los magnates de los cañones incitaban a los rebaños, y todo el mundo iba velozmente al encuentro de la más tremenda de todas las guerras, a la carnicería mundial.

Es particularmente interesante la lucha de armamentos entre la burguesía inglesa y la alemana. Inglaterra tomó el acuerdo en 1912 de construir tres acorazados por cada dos que construyese Alemania.

Los gastos para el Ejército y la Marina crecieron en los diversos estados de la siguiente manera:

[En millones de rublos]

País	Gasto en 1888	Gasto en 1908
Rusia	210	470
Francia	300	415
Alemania	180	405
Austria-Hungría	100	200
Italia	75	120
Inglaterra	150	280
Japón	7	90
Estados Unidos	100	200

En el transcurso de veinte años los gastos aumentaron en el doble y en el Japón, nada menos que trece veces. Inmediatamente antes de la guerra, la fiebre de los armamentos degeneró en frenesí.

Francia gastó, en 1910, 502 millones de rublos para armamentos y, en 1914, 740 millones de rublos. Alemania, en 1906, gastó 478 millones de rublos y, en 1914, 943 millones de rublos, es decir, el doble en ocho años. En una forma mayor aún se armaba Inglaterra. En 1900 gastó para armamentos 499 millones de rublos; en 1910, 694 millones y, en 1914, 804 millones. En 1913 Inglaterra sola gastó para su flota más que en 1886 todos los estados juntos. Los gastos militares de la Rusia zarista ascendían, en 1892, a 293 millones de rublos, en 1902, a 421 millones, en 1906, a 529 millones y, en 1914, a 975 millones.

Estos gastos absorbían gran parte de los impuestos. Rusia, por ejemplo, empleaba en su ejército más de un tercio de su presupuesto. De cada 100 rublos se destinaban en la Rusia zarista:

Concepto	Porcentaje sobre el total
Fuerzas Armadas y créditos	40'14 %
Instrucción pública	2'86 %
Agricultura	4'06 %
Administración, Justicia, Comercio, Industria	52'94 %
Total	**100 %**

Lo mismo vemos en los demás estados. Tomemos el ejemplo de la «democrática Inglaterra». En 1904 se gastaron de cada 100 rublos:

Concepto	Porcentaje sobre el total
Fuerzas Armadas	53'80 %
Créditos y Deuda Pública	22'50 %
Servicios Públicos	23'70 %
Total	**100 %**

29. LA GUERRA IMPERIALISTA EN LOS
AÑOS 1914-1918

La política imperialista de las grandes potencias debía tarde o temprano llevar a un conflicto. Es evidente que los orígenes de la guerra mundial hay que buscarlos en la política de bandidaje de todas las grandes potencias.

Sólo un loco puede todavía creer que la guerra se desencadenó porque los serbios mataron al príncipe heredero austriaco o porque Alemania agredió a Bélgica. Al comienzo de las hostilidades se discutió mucho el problema de quién tuvo la culpa de que se declarara. Los capitalistas alemanes sostenían que Alemania había sido atacada por Rusia, y los capitalistas rusos atronaban los espacios diciendo que Rusia había sido agredida por Alemania. Inglaterra decía que iba a la guerra en defensa de la pequeña Bélgica. También Francia se alababa de combatir del modo más desinteresado y generoso por el heroico pueblo belga. Y Alemania y Austria decían luchar por tener lejos de sus confines las hordas de cosacos...

Todo esto no era más que una solemne mentira y un engaño a las masas trabajadoras. La burguesía tenía que recurrir a este engaño para empujar a sus soldados a la matanza. No fue la primera vez que la burguesía se sirvió de este medio. Ya hemos visto antes cómo los barones de los grandes trusts imponían elevados aranceles para robar a sus propios compatriotas y luchar mejor en los mercados extranjeros. Para ellos, pues, los aranceles eran un medio de ataque. Y la burguesía gritaba que quería proteger la «industria nacional». Lo mismo pasó con la guerra. La naturaleza de la guerra imperialista, que serviría para esclavizar el mundo bajo el dominio del capital financiero, consistía precisamente en el hecho de que todos eran agresores. Hoy estas cosas están ya fuera de duda. Los lacayos del zar afirmaban que estaban a la «defensiva». Pero cuando la revolución de octubre abrió los cajones secretos de los ministerios se pudo comprobar, con la base de documentos, que lo mismo el zar que el señor Kerenski hacían la guerra, de común acuerdo con ingleses y franceses, para anexionarse Constantinopla, despedazar Turquía y Persia y arrancar a Austria la Galitzia.

Los imperialistas alemanes también han sido desenmascarados. Basta recordar la paz de Brest-Litowsk, las invasiones alemanas en Polonia, en Ucrania, en Lituania y en Finlandia. También la revolución alemana ha revelado documentos que muestran que Alemania había entrado en la guerra con intenciones anexionistas, con la esperanza de poder conquistar nuevos territorios y nuevas colonias.

¿Y nuestros generosos aliados? También han sido desenmascarados. Después de haber estrangulado a Alemania con la paz de Versalles, después de haberle impuesto 125.000 millones de indemnización, después de haberle quitado toda la flota, todas las colonias, casi todas las locomotoras, nadie creerá ya en la generosidad de ellos. También han expoliado a Rusia del Norte y del Sur. ¿Quién duda hoy de que han hecho una guerra de rapiña?

Los comunistas (bolcheviques) predijeron todo esto antes de la guerra. Pero si entonces sólo pocos les creyeron, ahora no hay ninguna persona sensata que se atreva a dudar que el capital financiero es un bandido rapaz y sanguinario, sea cual sea su origen, ya ruso, alemán, francés, japonés o americano.

Resulta, pues, ridículo sostener que en una guerra imperialista uno de los imperialistas sea culpable y el otro no, o que de estos dos imperialistas uno es el agresor y el otro está a la defensiva. Todo esto se ha dicho para ofuscar el cerebro de los obreros. En realidad, todos agredieron primero a los pequeños pueblos coloniales, todos pensaron en conquistar el mundo entero y esclavizarlo después en provecho del capital financiero del propio país.

Esta guerra tenía que convertirse en una guerra mundial: casi todo el mundo estaba dividido entre las grandes potencias, ligados entre sí por una economía común. No tiene por esto nada de extraño que la guerra asolara casi todas las partes del mundo.

Inglaterra, Francia, Italia, Bélgica, Rusia, Alemania, Austria-Hungría, Serbia, Bulgaria, Rumanía, Montenegro, Japón, América, China y una docena de otros pequeños estados tomaron parte en la lucha criminal. Los mil quinientos millones de hombres que pueblan la tierra tuvieron directa o indirectamente que sufrir las dolorosas consecuencias de la guerra, que un pequeño grupo de delincuentes capitalistas les había impuesto. Jamás había visto el mundo ejércitos tan gigantescos como los que toman parte en los campos de batalla, ni armas tan destructoras. Los capitalistas ingleses y franceses no sólo obligaron a los propios compatriotas a dejarse matar por sus intereses, sino también a los pueblos coloniales. Los criminales directores no sintieron ningún escrúpulo en emplear caníbales para sus fines de dominación y explotación. Y todo esto iba enmascarado con las ideologías más nobles.

La guerra de 1914 tuvo sus precedentes en las guerras coloniales, como la campaña de las potencias «civiles» contra la China, la guerra américo-española, la guerra ruso- japonesa de 1904 (por la posesión de Corea, de Puerto Arturo, de la Manchuria), la guerra italo-turca de 1911, la guerra del Transvaal al principio del siglo XX, en la que la democrática Inglaterra estranguló dos repúblicas boers. Hubo una serie de situaciones internacionales que amenazaron con convertirse en una guerra internacional. El reparto de África por poco no provoca una guerra entre Francia e Inglaterra (episodio de Fascioda), después entre Francia y Alemania (por Marruecos).

Ya al principio de la guerra mundial se delinearon netamente las antítesis entre Inglaterra y Alemania por la supremacía en África, en Asia Menor y en los Balcanes. Las contingencias políticas determinaron, la alianza de Inglaterra y Francia, que pretendía quitar a Alemania la Alsacia y la Lorena, y con Rusia, cuyos intereses estaban en los Balcanes y en Galitzia. El imperialismo alemán encontró su aliado principal en Austria-Hungría. El imperialismo americano intervino sólo más tarde porque especulaba con la debilidad de las potencias europeas.

Las potencias imperialistas se sirven para sus sucios fines, además del militarismo, de la diplomacia secreta, que opera con tratados secretos e intrigas, sin rechazar el uso de asesinatos, atentados, etc. Los verdaderos propósitos de la guerra imperialista constaban, precisamente, en estos tratados secretos, estipulados entre Inglaterra, Francia y Rusia de una parte, y entre Alemania, Austria, Turquía y Bulgaria de la otra. El asesinato del príncipe heredero de Austria no se realizaría sin conocimiento de la diplomacia de la Entente. Pero tampoco la diplomacia alemana se durmió. Un imperialista alemán escribía: «Tenemos que considerar como una verdadera fortuna que la gran conjura antialemana se haya desencadenado a raíz del asesinato del príncipe heredero austriaco. Dos años más tarde la guerra hubiera sido mucho más difícil para nosotros». Los imperialistas alemanes habrían sido capaces de sacrificar un príncipe alemán con tal de provocar la guerra.

30. El capitalismo de estado y las clases

El método de guerra imperialista no se distingue sólo por sus dimensiones y las destrucciones, sino también por el hecho de que la totalidad de la economía de los países beligerantes queda subordinada a los intereses de guerra. En otros tiempos bastaba tener dinero para poder hacer una guerra. Pero la guerra mundial ha sido tan enorme y fue hecha por países tan adelantados, que el dinero solo no podía bastar.

Esta guerra exigía que las fábricas metalúrgicas construyeran únicamente armas y municiones, y que todos los productos, metales, tejidos, pieles, sirvieran sólo para las necesidades de los ejércitos. Por eso es natural que esperase tener la victoria final aquel trust capitalista-estatal en el cual la industria y los medios de transporte estuvieren mejor adaptados a las exigencias de la guerra. ¿Cómo era posible obtener esto? Únicamente con la centralización de toda la producción. La producción debía desenvolverse sin obstáculos, estar bien organizada y bajo la dirección inmediata del Mando supremo.

Para alcanzar este fin la burguesía empleó un medio muy sencillo: poner la producción privada y los sindicatos y trusts privados a disposición del estado de bandidaje burgués.

Esto fue lo que sucedió durante la guerra. La industria fue movilizada y militarizada, o sea puesta a disposición del estado y de la autoridad militar. ¿Cómo, podría objetar cualquiera, no pierde en tal caso la burguesía sus ganancias? ¿No es esto una nacionalización de los medios de producción? Si toda la producción la toma el estado en sus manos, ¿qué gana entonces la burguesía? Sin embargo, la burguesía aceptó de buen grado las nuevas condiciones; cosa que no tiene que admirarnos, porque los sindicatos privados entregaron todo eso al propio estado capitalista de ellos, no al estado obrero. ¿Por qué se tenía la burguesía que asustar de eso?

Es necesario no olvidar el carácter clasista del estado. El estado no es una «tercera potencia» que está fuera y por encima de las clases, sino una organización clasista por excelencia. Bajo la dictadura de la clase obrera es una organización de los obreros, bajo el dominio de la burguesía es una organización de capitalistas, como un trust o un sindicato.

Por esta razón, la burguesía nada perdió cuando cedió la gestión de los sindicatos privados al estado (no al proletario, sino al capitalista).

Poco importa al industrial el retirar sus ganancias de la caja del sindicato o de la del estado. Con ello ganó la burguesía. Ganó por la simple razón de que con dicha centralización, la máquina guerrera funcionaba mejor y hacía más probable la victoria.

Por eso no hay que sorprenderse de que durante la guerra, en vez de los sindicatos privados, se desarrollara el capitalismo de estado. Alemania, por ejemplo, no hubiera podido conseguir tantas victorias y resistir tanto tiempo la presión de fuerzas preponderantes si su burguesía no hubiera sabido organizar el capitalismo de estado de modo casi genial.

El paso al capitalismo de estado se verificó de varias formas. Las formas más frecuentes fueron los monopolios del estado en la producción y en el comercio; es decir, que la producción y el comercio en su totalidad pasó a manos del estado.

Otras veces este tránsito no se hizo de un golpe, sino gradualmente, por cuanto que el estado adquirió sólo una parte de las acciones de un sindicato o un trust. Una empresa de este género era mitad estatal y mitad privada, realizando en ella el estado burgués su política. A las empresas que seguían siendo de propiedad privada el estado les imponía órdenes coercitivas, obligando, por ejemplo, a determinadas empresas a proveerse de tales abastecedores, a éstos a vender sólo determinadas cantidades y a determinados precios; el estado prescribía métodos preestablecidos de trabajo, materiales fijos, y racionaba todos los productos más importantes. Así se desarrolló en lugar del capitalismo privado el estatal.

Bajo el dominio del capitalismo de estado las organizaciones independientes de la burguesía fueron sustituidas por su organización unitaria, el estado. Antes de la guerra existían en los estados capitalistas las organizaciones estatales burguesas, e independientemente de ellas se organizaban los sindicatos, los trusts, las asociaciones de empresarios y latifundistas, los partidos políticos burgueses, las organizaciones de periodistas, de científicos, de artistas, las sociedades religiosas, las organizaciones juveniles burguesas, las oficinas de detectives privados, etc., etc. En el capitalismo de estado todas esas organizaciones independientes se funden con el estado burgués, se convierten en sucursales de él, siguen sus planes y se subordinan a «su mando supremo». En las fábricas y en las minas se ejecutan las órdenes del Estado Mayor; los periódicos publican lo que quiere el Estado Mayor; en las iglesias se predica lo que manda el Estado Mayor; se pinta, se compone, se canta lo que manda el Estado Mayor; se inventan cañones, proyectiles y gases que hacen falta al Estado Mayor. De esta manera toda la vida queda militarizada para asegurar a la burguesía la ganancia de su sangriento mercado.

El capitalismo de estado significa un formidable refuerzo para la gran burguesía. Análogamente a la dictadura proletaria, que es tanto más fuerte cuanto más íntima es la colaboración entre el poder de los sóviets, los sindicatos, el Partido Comunista, etc., también la dictadura burguesa es tanto más poderosa cuanto más estrechamente están ligadas todas las organizaciones burguesas. El capitalismo de estado, centralizando las organizaciones burguesas y transformándolas en elementos de un único organismo integral, confiere al capital una potencia enorme. Aquí es donde la dictadura burguesa canta y celebra su triunfo.

El capitalismo de estado nació durante la guerra en todos los países capitalistas. Hasta en la Rusia zarista empezaba a desarrollarse (comités de industria de guerra, monopolios, etc.). Más tarde, la burguesía, intimidada por la revolución, comenzó a temer que, con el poder estatal, pudiera también la producción pasar a manos del proletariado. Después de la revolución de febrero impidió la organización de la producción.

Vemos que el capitalismo de estado, en vez de eliminar la explotación, refuerza extraordinariamente el poder de la burguesía. A pesar de esto, los Scheidemann en Alemania y los social-patriotas de los otros países tuvieron la audacia de llamar a estos trabajos forzados socialismo. Cuando todos los medios de producción se encuentren en posesión del estado el socialismo se habrá realizado. No comprenden que se tiene que tratar de un estado proletario, pero no de una organización, en la que todo el aparato estatal se encuentra en manos de los enemigos y los asesinos del proletariado.

El capitalismo de estado, que al unir y organizar a la burguesía aumenta el poder de ésta, por el contrario, debilita la fuerza de la clase obrera. Los obreros, bajo el capitalismo de estado, se convirtieron en los esclavos del estado opresor. Se les privó del derecho de huelga, se les movilizó y militarizó. El que se declaraba contrario a la guerra era condenado por alta traición. En muchos países los obreros perdieron el derecho de libre elección de trabajo y del lugar de residencia. El «libre» proletario asalariado se convirtió en propiedad del estado, se le obligó a dejarse matar en los campos de batalla, no por la propia causa, sino por la de sus enemigos, o a extenuarse por el trabajo, no en su interés, sino en el de sus explotadores.

31. El derrumbamiento del capitalismo y la clase obrera

La guerra aceleró la centralización y organización de la economía capitalista. Lo que no habían podido realizar los sindicatos, los trusts y las empresas combinadas, trató de hacerlo a toda prisa el capitalismo de estado, creando una vasta serie de redes de varios organismos destinados a regular la producción y la distribución, preparando así el terreno sobre el cual el proletariado podrá iniciar la gran producción centralizada.

Pero la guerra, que gravaba todo su peso sobre la clase obrera, tenía inevitablemente que provocar la desesperación de las masas proletarias. En primer lugar, porque la guerra hizo una carnicería sin precedentes en la historia. Según las distintas estadísticas, el número de muertos se calculaba en ocho millones el 1 de enero de 1918. A esto hay que añadir algunos millones de mutilados y heridos. La sífilis, que se propagó enormemente durante la guerra, ha infectado a la humanidad entera. En general, el estado físico ha empeorado notablemente después de la guerra.

Naturalmente los mayores males los ha sufrido la clase obrera y campesina.

En los grandes centros de los estados beligerantes se han formado pequeñas colonias de mutilados de guerra, donde estos desgraciados, en gran parte horriblemente deformados, son un testimonio viviente de la civilización burguesa.

Pero al proletariado no se ha hecho víctima sólo de esa infame carnicería. Ahora se pretende cargar sobre las espaldas de los supervivientes el peso enorme de las deudas de guerra. Mientras los capitalistas gozan tranquilamente de las sobreganancias, la clase obrera tiene que soportar los gravosos impuestos para cubrir los gastos de guerra. El ministro de Hacienda francés declaró en la Conferencia de paz de 1919 que los gastos de guerra, comprendidos todos los estados, ascendían a un trillón de francos. No todos pueden darse cuenta de la magnitud de esta cifra. En otros tiempos, con estas cifras se calculaban las distancias entre las estrellas; hoy sirven para calcular los gastos de la matanza infame. Un trillón está formado por un millón de billones. Según otros cálculos, los gastos de guerra se fueron presentando del siguiente modo:

Año	Cantidad en billones de rublos[5]
Primer año de guerra	91,00
Segundo año de guerra	136,5
Tercer año de guerra	204,70
Primera mitad del cuarto año de la guerra	153,50
Total	**585,70**

Después aún se aumentaron más los gastos. Por esto nada tiene de extraño que los estados capitalistas comiencen a echar sobre la clase obrera enormes impuestos, ya directos o indirectos, haciendo de esta forma subir los precios de los géneros de primera necesidad. La carestía adquiere proporciones desastrosas, mientras que los industriales, y en especial los que trabajaron para abastecer la guerra, disfrutan sus ganancias fabulosas.

Los industriales rusos aumentaron sus dividendos en más de la mitad. Algunos, en cambio, se repartieron dividendos fabulosos. Ved algunos ejemplos: la Sociedad Petrolífera Mirsojeff hermanos distribuyó un dividendo del 40 %; la Sociedad Daniscevski hermanos, el 30 %; la fábrica de tabacos Kalfa, el 30 %; etc. En Alemania, las ganancias netas de cuatro ramas industriales (la química, la metalúrgica, la automovilista y la de los explosivos) llegaron en 1912-1914 a 133 millones; en los años 1915-1916, a 259 millones, o sea que aumentaron el doble en el espacio de un año. En los Estados Unidos, la ganancia del trust del acero aumentó en un triple del 1915 al 1916. Del 1915 al 1917 las ganancias subieron de 98 millones de dólares a 478 millones. Se llegaron a

5 En los años anteriores a la guerra el rublo valía cerca de 3 pesetas, 50 céntimos. (N. del T.)

cobrar dividendos al 200 %. En la misma medida fabulosa aumentaron las ganancias de los bancos.

Durante la guerra se produjo ante todo cañones, proyectiles, navíos de guerra, aeroplanos, gases asfixiantes y otros útiles homicidas. En los Estados Unidos, en torno a las fábricas de explosivos, surgieron ciudades enteras. Estas fábricas fueron construidas a toda prisa y sin las indispensables garantías de seguridad, llegándose a producir explosiones catastróficas. Naturalmente que los propietarios de estas fábricas obtuvieron pingües beneficios. Pero la situación del pueblo empeoró cada vez más a consecuencia de que los géneros de primera necesidad cada vez eran más caros Con los cañones y los proyectiles se podía matar, pero no se podía alimentar y vestir al pueblo. Todas las energías productivas estaban ocupadas en la producción de máquinas y útiles asesinos. La producción útil normal disminuía vertiginosamente. La mano de obra casi toda estaba absorbida en el ejército, y la totalidad de la industria trabajaba para las necesidades de la guerra. La escasa producción de mercancías útiles determinó el hambre y la carestía. Las consecuencias de la guerra imperialista son la falta de carbón y de todos los géneros de primera necesidad.

Pueden verse los ejemplos de varios países:

En Francia la producción agrícola disminuyó en los primeros años de la guerra con arreglo al siguiente cuadro:

Quintales de...	1914	1916
Cereales	42.272.500	15.300.000
Patatas y legumbres	46.639.000	15.260.000
Plantas Industriales	59.429.000	20.448.000

En Inglaterra disminuyó la extracción de minerales en la siguiente medida:

Año	Cantidad extraída
Hacia finales de 1912	241.000 toneladas
Hacia finales de 1913	138.000 toneladas
Hacia finales de 1914	108.000 toneladas
Hacia finales de 1915	113.000 toneladas
Hacia finales de 1916	3.000 toneladas
Hacia finales de 1917	600 toneladas

En Alemania la producción de mineral de hierro era en 1913 de 19,3 millones de toneladas en 1916, sólo 13,3 millones; en 1917, 16,1 millones; en 1918, 12 millones, y en 1919, aún menos.

Toda la industria mundial se encontró en la situación más desesperada por la falta de carbón. El principal proveedor de carbón en Europa era Inglaterra. Pues bien: la producción de carbón en Inglaterra ya en 1915 disminuyó el 13 %. Las industrias más importantes para la vida económica en 1917 estaban casi desprovistas de carbón; las fábricas de electricidad recibían la sexta parte de la cantidad de carbón necesario y la industria textil la undécima parte. Durante el período de la Conferencia de Versalles casi todos los países atravesaban una crisis terrible de combustible; las fábricas tenían que cerrarse y los transportes limitarse. En Rusia se verificó el mismo proceso. Ya en 1917 la producción de carbón se realizaba en pésimas condiciones. El distrito industrial de Moscú necesitaba 12 millones de pud[6] al mes. El gobierno de Kerenski prometió asegurar seis millones al mes; pero en realidad lo

---

6 Un pud = 16,389 kg. (N. del T.)

que hubo fue: en enero, 1,8 millones de pud; en febrero, 1,3 millones de pud, y en marzo, 0,8. La consecuencia natural de este estado de cosas fue la decadencia de la industria rusa. En Rusia, como en todo el mundo, dio comienzo el proceso de disolución del capitalismo.

En 1917 (Gobierno Kerenski) tuvo lugar la clausura de las siguientes fábricas:

Mes de 1917	Número de empresas clausuradas	Número de obreros despedidos
Marzo	74	6.946
Abril	55	2.916
Mayo	108	8.701
Junio	125	38.455
Julio	206	47.754

La catástrofe progresaba a pasos agigantados. Para hacerse una idea de la carestía de la vida provocada por la falta de productos y por la circulación de una enorme cantidad de papel-moneda, basta echar una ojeada sobre el país que ha sufrido menos con la guerra, Inglaterra. Los precios de los cinco alimentos más importantes (azúcar, manteca, té, pan y carne) eran los siguientes:

Año	Té y azúcar	Pan, carne y manteca
1901	500	300
Fines julio 1914	579	350
Fines enero 1915	789	413
Fines enero 1916	946,5	465
Fines enero 1917	1.310	561
Fines enero 1918	1.221,5	681
Fines mayo 1919	1247	777,5

Aun en la misma Inglaterra aumentaron los precios más del doble, mientras los salarios aumentaron sólo el 18 %. Por tanto, los precios de las mercancías aumentaron seis veces más aprisa que los salarios. En Rusia eran las condiciones particularmente desastrosas, pues la guerra había devastado el país. En la misma América, que tan poco había sufrido con la guerra, los precios de los quince géneros más importantes subieron de 1913 a 1918 el 180 %, mientras que los jornales aumentaron sólo el 0,80 %.

Hasta la industria de guerra llegó a la ruina por falta de carbón y acero y otros materiales. Todos los países del mundo, a excepción de América, se empobrecieron por completo.

El hambre, el frío y la destrucción hicieron su marcha triunfal por todo el mundo. La clase obrera, la más castigada por este desastre, trató de rebelarse contra tantas iniquidades; pero el estado burgués se echó sobre ella con todo el peso de su aparato militar. La clase obrera fue en todos los países —lo mismo en los monárquicos como en los republicanos— sañudamente perseguida. Se privó a los obreros del derecho de huelga, y el más pequeño acto de protesta era duramente reprimido. Con ello el dominio del capitalismo llevó a la guerra civil entre las clases.

Las persecuciones sufridas por la clase obrera durante la guerra han sido claramente sacadas a la luz por la revolución de la Internacional Comunista sobre el terror blanco:

«Las clases dominantes, que han diseminado en los campos de batalla más de diez millones de muertos, instauraron también, desde que comenzó la guerra, en el interior de los propios países, un régimen de brutal dictadura. El gobierno zarista ametralló a los obreros, organizó pogromos de judíos y cometió otras barbaries. La monarquía austro-húngara sofocó en sangre la rebelión de los obreros y campesinos ucranianos y checoeslovacos. La burguesía inglesa asesinó a los mejores representantes del pueblo irlandés. El imperialismo alemán se ensañó en su propio país, y sus primeras víctimas fueron los marinos. En Francia se fusiló a los soldados rusos que se negaron a defender las cajas de caudales de los banqueros franceses. En América, la burguesía linchó a los internacionalistas, y condenó a trabajos forzados a los mejores militantes de la clase obrera.»

La sociedad capitalista empezaba a crujir en todas sus partes. La anarquía de la producción había llevado a la guerra, y ésta, agudizando los antagonismos de clase, abocó en la revolución. El capitalismo comenzó a disgregarse en dos direcciones principales (véase *13. Contradicciones del orden social capitalista*). El período del derrumbamiento del capitalismo quedó abierto.

Examinemos ahora más al detalle este proceso de descomposición de la sociedad capitalista.

La sociedad capitalista estaba organizada en todas sus partes componentes según un modelo único. La fábrica tenía la misma estructura orgánica que el regimiento del ejército burgués: arriba, los ricos que mandan; abajo, los pobres, los obreros, los pequeños empleados que obedecen; en medio, los ingenieros, los suboficiales, los altos empleados. De este examen se desprende que la sociedad capitalista sólo puede mantenerse, en tanto el obrero industrial obedece las órdenes del director, que percibe un sueldo fabuloso, o las del propietario, que se embolsa la plusvalía.

Pero en el momento que las masas trabajadoras se empiezan a dar cuenta de que no son más que pies en las manos de sus enemigos, comienzan también a romperse los hilos que atan al soldado con el general, al obrero con el patrono. Los obreros cesan de obedecer a sus patronos, los soldados a los oficiales y los empleados a sus superiores, dando principio así al período de la disolución de la vieja disciplina, de la que servían los ricos para dominar a los pobres. Este período tiene que durar fatalmente hasta que la nueva clase, el proletariado, no haya sometido a la burguesía, obligándola a ponerse al servicio del que trabaja, creando con esto una nueva disciplina.

Este caso, en el que lo viejo todavía no se ha destruido y lo nuevo aún no se ha creado, sólo puede terminar en la guerra civil con la victoria definitiva del proletariado.

32. La guerra civil

La guerra civil es una áspera lucha de clases que se transforma en revolución. La guerra imperialista entre los distintos grupos de la burguesía por la repartición del mundo, fue hecha con la ayuda de los esclavos asalariados. Pero la guerra trajo tantas cargas a los obreros, que la lucha de clases tenía que transformarse en una guerra civil de los oprimidos contra los opresores, en la que Marx llamó la única guerra justa.

Es completamente lógico que el capitalismo traiga la guerra civil, y que la guerra imperialista entre los diversos estados burgueses deba terminar con la guerra de clase. Todo esto lo predijo nuestro partido en 1914, cuando nadie pensaba en la revolución. Era evidente ya entonces que, por una parte, los enormes sacrificios impuestos a la clase obrera tendrían que provocar la rebelión del proletariado, y que, por otra parte, la burguesía no sería capaz de borrar los diversos antagonismos que dividen a los diversos grupos nacionales y asegurar una paz duradera.

Nuestras profecías están ahora plenamente confirmadas. Después de los años terribles de matanza y destrucción estalló la guerra civil contra los opresores. Esta guerra civil dio comienzo en la revolución rusa de febrero y octubre de 1917. La revolución finlandesa, húngara, austriaca y alemana fueron su continuación; pero también los demás países han entrado en un período revolucionario. La burguesía se esfuerza en vano por establecer una paz duradera. La paz de Versalles se firmó apenas transcurridos unos meses de la cesación de hostilidades, y todos prevén ya que no será de larga duración. Después de la firma de ella se han peleado los italianos con los yugoslavos, los polacos con los alemanes, los lituanos con los polacos, etc. Y todos los estados juntos atacan a la República de los victoriosos obreros rusos... La guerra imperialista termina en la guerra civil, de la que saldrá victorioso el proletariado.

La guerra civil no es ni la invención ni el capricho de un partido político: es la forma en que se manifiesta la revolución, que fatalmente tenía que venir, porque la guerra imperialista ha abierto los ojos a las masas trabajadoras.

Pensar que la revolución sea posible sin la guerra civil equivale a creer en la viabilidad de una revolución «pacífica». Los que piensan de este modo (como, por ejemplo, los mencheviques, a quienes asustan los horrores de la guerra civil) retroceden de Marx a los socialistas antediluvianos, que tenían la ilusión de que los capitalistas se enternecerían ante las desdichas de la clase obrera. Estos «socialistas» se parecen a un hombre qué quisiera amansar a un tigre con caricias e inducirle a alimentarse de yerba y dejar en paz a los rebaños. Marx era partidario de la guerra civil, o sea de la lucha armada del proletariado contra la burguesía. Karl Marx escribió que los comuneros fueron demasiado débiles durante las luchas de la Comuna de París. En el Manifiesto de la primera Internacional, redactado por Marx, está contenido lo siguiente: «Hasta los sargentos de policía, en lugar de ser desarmados y presos, encontraron las puertas de París abiertas para poder escapar con toda seguridad a Versalles. No sólo no se molestó a los hombres del orden, sino que se les permitió concentrarse y ocupar más de una posición en el corazón de París. En su repugnancia por emplear la lucha civil, comenzada ya con la invasión nocturna de Thiers (el Bemkin francés) a Montmartre, el Comité Central se hizo culpable del decisivo error de no avanzar contra la entonces impotente Versalles y poner así término a las conjuras de Thiers y de sus señorones agrarios. En cambio se permitió una vez más al partido del orden medir sus fuerzas en las urnas al elegir el 26 de marzo la Comuna.»

En este pasaje, Karl Marx defiende abiertamente la supresión violenta de las guardias blancas durante la guerra civil.

Como se ve, los maestros del socialismo consideraron la revolución como una cosa muy seria. Ellos comprendieron claramente que el proletariado no podía vencer a la burguesía con las armas de la persuasión, sino que «le debía imponer su voluntad en una lucha civil elevada con fusiles, bayonetas y cañones».

Las clases de la sociedad capitalista, divididas por antagonismos económicos irreconciliables, marchaban en la guerra civil armadas una contra la otra. El hecho de estar la sociedad capitalista dividida en dos partes, que en sustancia representan dos sociedades, en tiempos normales pasa casi ignorado. Y por eso obedecen sin murmurar los esclavos. Pero en la guerra civil se acaba la resignación, y la parte oprimida de la sociedad se subleva contra la opresora. En tales condiciones, es una demencia pensar en una convivencia pacífica de las clases. El ejército se divide en guardias blancas (compuestas por la aristocracia, la alta burguesía, los intelectuales, los ricos, sus lacayos, etc.) y guardias rojas (compuestas de obreros y campesinos).

Toda asamblea nacional en la que tengan asiento los capitalistas al lado de los obreros es un absurdo. ¿Cómo es posible que colaboren «pacíficamente» en la asamblea mientras que luchan en las calles sus compañeros de clase con las armas en la mano? En la guerra civil se alza una clase contra la otra. Por eso ésta puede sólo terminar con la victoria completa de una clase sobre otra, pero nunca con un compromiso.

La experiencia de la guerra civil en Rusia y en los otros países (Alemania, Hungría) confirma plenamente nuestra afirmación: en la actualidad no existe más que la dictadura del proletariado o la de la burguesía y el militarismo. Los gobiernos de las clases medias (social-revolucionarios, mencheviques) representan únicamente una estación de paso entre los dos partidos. Al gobierno sovietista húngaro, derribado con la ayuda de los mencheviques, sucedió un gobierno de «coalición» que, pasados algunos días de existencia, tuvo que ceder el puesto a la reacción. Los socialrevolucionarios constitucionales que lograron apoderarse de Ufa, en el territorio del otro lado del Volga y de Siberia, fueron suplantados veinticuatro horas más tarde por el general Kolchak, que se apoyaba en los capitalistas y latifundistas y que sustituyó la dictadura de los obreros y campesinos con la de los latifundistas y burgueses.

La victoria decisiva sobre el enemigo y la instauración de la dictadura proletaria serán el resultado fatal de la guerra civil mundial.

33. Formas de la guerra civil y sus gastos

El período de la guerra civil quedó abierto con la revolución rusa, que representa sólo el comienzo de la revolución mundial. En Rusia estalló primero la revolución porque fue donde se inició el proceso de descomposición del capitalismo. La burguesía y los latifundistas rusos, que pretenden conquistar Constantinopla y Galitzia y que de acuerdo con sus aliados ingleses y franceses habían provocado la guerra, perecieron los primeros a causa de su debilidad y desorganización. La carestía y el caos general se produjo en Rusia antes que en otros países. Por esta razón el proletariado ruso logró ser el primero en aplastar a sus enemigos e instaurar la dictadura proletaria.

Ahora bien, de esto no se deduce que la revolución rusa sea la más perfecta del mundo ni que el comunismo sea tanto más fácilmente realizable cuanto menos desarrollado está el capitalismo en un país. Pues según este criterio, el comunismo debía realizarse primero en China, Persia, Turquía y otros países capitalísticamente atrasados, y en los que casi no existe clase proletaria. De ser verdad esto, toda la doctrina de Marx caería por tierra.

El que de esta manera razone confunde el comienzo de la revolución con su realización. La revolución apareció primero en Rusia a causa del débil desarrollo del capitalismo. Pero precisamente por esta debilidad y por el hecho de estar nuestro país muy atrasado, el proletariado forma la minoría al par que es grande el número de los pequeños propietarios y comerciantes, factores que hacen casi imposible la organización de una economía comunista. En Inglaterra la revolución estallará más tarde, pero el proletariado, después de su victoria, podrá organizar la nueva economía mucho más rápidamente, pues forma la gran mayoría del país y está habituado al trabajo social. La producción en Inglaterra estará infinitamente más centralizada. Estallará allí la revolución más tarde, pero será más completa que la rusa.

Muchos creen que la violencia de la guerra social es una consecuencia del «asiatismo» de la primitiva Rusia. Los enemigos de la revolución en Europa occidental afirman que en Rusia florece el «socialismo asiático» y que la revolución en los demás países se efectuara sin violencia. Esto son quimeras estúpidas. En los países capitalistas más adelantados la resistencia de la burguesía será más fuerte, tanto más cuanto que los intelectuales están más íntimamente ligados al capital, y, por tanto, más hostiles al comunismo. Por eso la guerra civil en esos países será mucho más violenta que en Rusia. Esto lo veremos ya en Alemania, donde la lucha revistió caracteres atrozmente sanguinarios.

Los que se escandalizan del terror de los bolcheviques olvidan que la burguesía no rechaza ninguna violencia para conservar la cartera. La resolución del Congreso de la Internacional Comunista dice sobre esto: «Cuando la guerra imperialista comenzó a transformarse en guerra civil, y a los ojos de los dominadores, es decir, los más grandes delincuentes que haya conocido la historia de la humanidad, se presentó el peligro de la pérdida de su dominio sanguinario, la bestialidad de ellos se hizo aún mayor...»

Los generales rusos —estos genuinos representantes del régimen zarista— ametrallaron y ametrallan todavía a las masas obreras con el apoyo directo o indirecto de los socialtraidores. Durante el dominio de los socialrevolucionarios y los mencheviques, en Rusia las prisiones y cárceles estaban repletas de obreros y campesinos, y los generales diezmaron regimientos enteros por indisciplina. Los generales Krasnov y Denikin, que gozan de la simpatía y el apoyo de los aliados, han hecho fusilar y prender decenas de miles de obreros, llegando para intimidar al pueblo hasta tener expuestas en las horcas tres días a las víctimas. En los Urales y en el territorio del Volga, las guardias blancas checoeslovacas torturaron a los prisioneros del modo más atroz, los arrojaron al Volga y enterraron vivos a muchos.

En Siberia, los generales contrarrevolucionarios fusilaron miles de comunistas y obreros. La burguesía alemana y austriaca y los socialtraidores han demostrado suficientemente su naturaleza canibalesca en Ucrania, donde en horcas de hierro transportables ahorcaron a los prisioneros comunistas y a sus propios compatriotas, nuestros compañeros alemanes. En Finlandia, el país de la democracia burguesa, 14.000 proletarios han sido fusilados y más de 15.000 torturados en las cárceles. En Helsingfors, las guardias blancas se hacían preceder de mujeres y niños para protegerse contra el fuego de la metralleta. En Tammerfors se obligó a las mujeres condenadas a muerte a cavarse la fosa. Todo esto se hizo con la ayuda de los imperialistas alemanes.

En su propio país, la burguesía y la socialdemocracia alemana, con la bestial represión proletaria comunista, con el infame asesinato de Karl Liebknecht y Rosa Luxemburgo, han alcanzado la meta del terror reaccionario. El terror colectivo e individual es la bandera roja bajo la cual marcha la burguesía.

La misma situación se presenta en los otros países. En la democrática Suiza, a lo más mínimo que se altere el orden burgués, son ametrallados miles de obreros. En América, la burguesía ha elevado la galera, la Ley de Lynch y la silla eléctrica a la categoría de símbolo de la democracia y la libertad. En Hungría, como en España, como en Inglaterra, como en Checoeslovaquia, como en Polonia por todas partes la misma cosa. Los terroristas burgueses no se detienen ante ninguna infamia. Para consolidar su dominio suscitaron el nacionalismo y organizaron la democracia burguesa ucraniana; con el menchevique Petliura a la cabeza apoyaron a la democracia polaca dirigida por el socialpatriota Pilundsky; organizaron pogromos de hebreos, que superaron por lo crueles en mucho a los de los esbirros zaristas. El asesinato de la Misión de la Cruz Roja bolchevique por parte de los delincuentes reaccionarios y socialdemócratas polacos es sólo una gota en el mar de los delitos y fechorías que diariamente comete el agonizante canibalismo burgués.

La guerra civil, a medida que progresa, asume nuevas formas. Cuando el proletariado está oprimido lleva esta guerra en forma de insurrecciones contra el poder estatal de la burguesía. ¿Pero qué sucede cuando el proletariado se ha adueñado del poder? En este caso el proletariado dispone de la organización estatal, del ejército proletario, del aparato entero del poder, y está en una lucha encarnizada contra la propia burguesía que busca, valiéndose de conjuras y revueltas, arrancar el poder a la clase obrera.

Pero, además, el estado proletario está obligado a combatir contra estados burgueses extranjeros. La guerra civil toma entonces una nueva forma: la de una verdadera guerra de clase, en la que vemos al estado proletario en lucha contra los estados burgueses. Los obreros no combaten ya solos a la burguesía del propio país, sino es el estado proletario quien conduce una verdadera guerra contra los estados capitalistas. Esta guerra no se hace con fines de conquista y rapiñas, sino por la victoria del comunismo, por la dictadura de la clase obrera.

Y así ha sucedido. Desde la revolución de octubre la Rusia de los sóviets ha sido agredida por todas partes: por Alemania, por Francia, por América y el Japón, etc. A medida que la revolución rusa incitaba con su ejemplo a los obreros de todos los países a la rebelión, el capital internacional se organizaba cada vez más contra la revolución y buscaba el llegar a una alianza de todos los bandidos capitalistas contra el proletariado.

Una tentativa de este género fue la que hicieron los capitalistas en la Conferencia de Versalles, a sugerencia de Wilson, ese cínico agente del capital americano. La Sociedad de las Naciones —nombre que dieron a esta nueva organización— no es, en realidad, una liga de pueblos, sino de los capitalistas de todos los países y sus gobiernos burgueses. Esta liga representa el intento de organizar un enorme trust mundial, que abarcase a todo nuestro planeta para explotar al mundo entero y reprimiera del modo más eficaz la revolución de la clase obrera. Todas las cosas que se han dicho, según las cuales la Sociedad de las Naciones sería una garantía de la paz, son mentiras hipócritas. Sus verdaderos y únicos objetivos son la explotación del proletariado mundial y de los pueblos coloniales y la estrangulación de la naciente revolución mundial.

El primer violín en esta orquesta está representado por América, que se ha enriquecido enormemente con la guerra. América es la acreedora de todos los estados de Europa. Su posición predominante la debe también a su riqueza en materias primas, el carbón y el grano. Por eso piensa mantener en dependencia suya a los demás bandidos. Se puede decir que la posición dominante en la Sociedad de las Naciones le está asegurada.

Resulta interesante observar con qué cantidad de frases humanitarias y generosas los Estados Unidos tratan de cubrir su política de rapiña. Entraron en la guerra mundial como «salvadores de la humanidad», etc. Para América era conveniente encontrarse frente a una Europa dividida en algunas naciones, en apariencia independientes, pero en realidad dependientes de ella. El derecho «de autodeterminación de las naciones» fue otro engaño del imperialismo americano. La gendarmería capitalista, las guardias blancas y la policía, que, según el plan Wilson, tienen la misión de sofocar en todos países la revolución, fueron instituidas con el pretexto de tener una fuerza armada destinada a castigar «toda violación» de la paz. En 1919, todos los imperialistas se convirtieron de un golpe en ardientes pacifistas, y gritaban hasta quedarse sin voz que los verdaderos imperialistas y enemigos de la paz eran los bolcheviques. El deseo de estrangular la revolución se ocultaba aquí abajo la bandera del «pacifismo» y de la «democracia».

De hecho, la Sociedad de las Naciones ya ha dado pruebas de ser el gendarme de la reacción internacional. Sus agentes han ahogado la república sovietista de Baviera y de Hungría. Participaron en las tentativas de estrangular al proletariado ruso. Los ejércitos ingleses, americanos, franceses y japoneses, en unión con los contrarrevolucionarios rusos, asaltaron a Rusia por todas partes. Emplearon hasta tropas coloniales contra la clase obrera rusa y húngara (Odessa, Budapest). Qué grado de infamia puede alcanzar la Sociedad de las Naciones lo vemos en el hecho de que los bandidos «civiles» mantuvieron una «Asociación de asesinos», teniendo por jefe al general Judenik. La Sociedad de las Naciones instiga a Finlandia, a Polonia, etc., contra la Rusia de los sóviets, urde conjuras, organiza atentados contra los comunistas rusos, etc. No existe infamia de la que no sea capaz la Sociedad de las Naciones.

Cuanto más amenazadora se hace la ofensiva del proletariado, tanto más estrechamente se une la mesnada capitalista. Marx y Engels escribieron en 1847 en el *Manifiesto comunista*: «Un espectro recorre Europa. El espectro del comunismo. Todas las potencias de la vieja Europa se han unido en una santa alianza contra este espectro, el papa y el zar, Metternich y Guizot, los radicales franceses y los polizontes alemanes.» Desde entonces a hoy han transcurrido muchos años. El espectro del comunismo se ha convertido en un cuerpo de carne y hueso. Contra él han salido al campo, no sólo la vieja Europa, sino el mundo entero capitalista. Pero la Sociedad de las Naciones no será capaz de realizar sus dos fines: organizar la economía mundial en un «trust» único y aplastar a la revolución mundial. Entre las grandes potencias reina la discordia. América y el Japón están divididas por infranqueables antagonismos. En cuanto a Alemania, sería pueril creer que pueda nutrir sentimientos amistosos hacia los señores aliados que la han despojado completamente. También los pequeños estados están divididos por envidias y enemistades. Pero lo que es más importante, las colonias están en plena rebelión. Los pueblos oprimidos de la India, Egipto e Irlanda se sublevan contra sus opresores. A la guerra de clase que mantiene el proletariado europeo contra la burguesía se añaden las insurrecciones de las colonias, que contribuyen a amenazar y destruir el dominio del imperialismo mundial. El sistema capitalista se deshace bajo la presión del proletariado rebelde y las repúblicas proletarias, bajo las iras del pueblo de las colonias, sin contar la acción disolvente de los contrastes y las discordias que minan los mismos estados capitalistas.

En lugar de la «paz duradera», un caos completo; en lugar del aplastamiento del proletariado mundial, una encarnizada guerra civil. Mientras las fuerzas del proletariado aumentan en esta lucha, las de la burguesía disminuyen. Y la lucha no podrá terminar más que con la victoria del proletariado. Pero el triunfo de la dictadura proletaria no se obtiene sin sacrificios. La guerra civil, como toda guerra, exige sacrificios de vidas humanas y de bienes materiales. Toda revolución va acompañada de tales sacrificios.

Por esto se puede prever que en las primeras fases de la guerra civil el proceso de disolución provocado por la guerra imperialista se acentuará aún más. La producción industrial sufre sobre todo por el hecho de que millones de obreros sean movilizados para defender el suelo de la República proletaria contra los ejércitos blancos de la contrarrevolución. Pero esto es inevitable en toda revolución. También durante la Revolución francesa del 1789-1793 la guerra civil trajo consecuencias desastrosas. Pero después de la desaparición del absolutismo feudal, Francia renació rápidamente.

Todo el mundo comprenderá que en una revolución tan grandiosa como la del proletariado universal, destinada a destruir un edificio social construido en el curso de siglos, los sacrificios no pueden ser leves. La guerra civil se desenvuelve actualmente en una escala mundial, y en parte se transforma en una guerra entre estados burgueses y proletarios. Los estados proletarios, que se defienden contra el imperialismo capitalista, hacen una guerra de clase que es santa. Pero esta guerra requiere sacrificios de sangre, y al prolongarse la batalla, aumenta el número de las víctimas, progresa la destrucción.

Los sacrificios que cuesta la revolución no pueden en ningún caso dar un argumento contra ella. La sociedad capitalista ha dado origen al más espantoso cataclismo que jamás había visto la Historia. ¿Qué guerra civil puede parangonarse con esa loca y delictiva destrucción de tantos seres humanos y de tantas riquezas acumuladas en el transcurso de siglos? La humanidad debe terminar con el capitalismo de una vez para siempre. Para realizar esta obra ningún sacrificio puede ser demasiado grande. Es necesario soportar por algún tiempo los dolores y los daños de la guerra civil para el advenimiento del comunismo, que limpiará todas las plagas y determinará un rapidísimo desarrollo de las fuerzas productivas de la sociedad.

34. ¿DISOLUCIÓN GENERAL O COMUNISMO?

La revolución que se está desarrollando se convertirá en una revolución mundial por las mismas razones por las que la guerra imperialista se convirtió en guerra mundial. En todos los países, la guerra causó destrucciones terribles, produjo la carestía y la esclavización proletaria, determinó la lenta disgregación y el caos capitalista, trayendo la disolución de la disciplina del látigo en el ejército y la oficina. Y con la misma implacable fatalidad conduce a la revolución comunista del proletariado.

Nada puede parar la disolución del capitalismo ni el avance de la revolución mundial. Toda tentativa de volver a la sociedad humana a las antiguas vías del capitalismo está condena a priori al fracaso. La conciencia de las masas obreras ha alcanzado un grado tal de desarrollo que ya no están dispuestas a trabajar ni combatir por los intereses de los capitalistas, por la conquista de tierras extrañas y de países coloniales. Por ejemplo, hoy sería imposible en Alemania reconstruir el ejército de Guillermo. Así como no es posible restablecer la disciplina imperialista en el ejército y obligar a los soldados proletarios a obedecer al general feudal, tampoco es posible restablecer la disciplina capitalista del trabajo y forzar al obrero a trabajar para el capitalista o para el latifundista. El nuevo ejército no puede ser sino obra del proletariado, y la nueva disciplina del trabajo tiene que llevarla a cabo la clase obrera.

En este momento sólo hay dos soluciones posibles: o el derrumbamiento, el caos general, el desorden cada vez mayor y la anarquía, o bien el advenimiento del comunismo. Esto lo han demostrado todas las tentativas fallidas de poner en pie el capitalismo en los países donde el proletariado estuvo en el poder. Ni la burguesía finlandesa, ni la húngara, ni Kolchak, ni Denikin, ni Shoropadsky han sido capaces de dar vida a la economía del país, y los últimos ni aun siquiera fueron capaces de mantener su régimen de sangre.

La única salvación de la humanidad está en el comunismo. Y puesto que sólo el proletariado puede realizarlo, aparece éste como el verdadero libertador de la humanidad de los horrores del capitalismo, de la explotación atroz, de la política colonial, del hambre, del embrutecimiento, de todas las monstruosidades del capitalismo financiero y del imperialismo. Esta es la gran misión histórica del proletariado. Este podrá sufrir derrotas en batallas parciales y hasta en países enteros, pero su victoria final es tan inevitable como fatal la derrota de la burguesía.

De cuanto hemos expuesto aquí arriba resulta claramente que todos los partidos, todos los grupos y todas las clases que piensan en un renacimieno del capitalismo y creen que la hora del socialismo todavía no ha llegado, ayudan, voluntaria o involuntariamente, consciente o inconscientemente, a la contrarrevolución. A esta categoría pertenecen todos los partidos socialistas, colaboracionistas y reconstructores.

Capítulo V: LA SEGUNDA Y LA TERCERA INTERNACIONAL

35. El internacionalismo del movimiento obrero como premisa de la victoria de la revolución comunista

La revolución comunista puede únicamente vencer como revolución mundial. Sí, por ejemplo, la clase obrera de un país se apoderase del poder, mientras en los demás países el proletariado, no por miedo sino por convicción, sigue sujeto al capital, ese país sería bien pronto presa de los estados capitalistas. En los años 1917, 1918 y 1919 las potencias capitalistas hicieron todos los esfuerzos posibles por aniquilar a Rusia soviética. En 1919 fue estrangulada la Hungría soviética. Que los estados burgueses no hayan conseguido estrangular a la Rusia de los sóviets se debe al hecho de que la situación interna no permitía a los capitalistas continuar la guerra contra la voluntad de las masas obreras, que exigían la retirada de las tropas de Rusia. La existencia de la dictadura proletaria, circunscrita a un solo país, está continuamente amenazada en el caso en que venga a faltar a ésta el apoyo de la clase trabajadora de los demás países. A esto hay que añadir las numerosas dificultades que obstaculizan la obra de reconstrucción económica en dicho país, pues no recibe nada o casi nada del extranjero: está bloqueado por todas partes.

Pero si para la victoria del comunismo es necesaria la victoria de la revolución mundial y la ayuda recíproca de los obreros, esto significa que la condición indispensable de la victoria es la solidaridad internacional de la clase obrera. Lo mismo que en las luchas económicas, la victoria de los obreros depende de lo compacto y solidario de su organización, así también en la lucha por la conquista del poder, los trabajadores de los diversos países capitalistas no pueden alcanzar la victoria si no combaten en filas compactas, si no sienten que son una sola clase, unida por intereses comunes. Sólo la confianza recíproca, la solidaridad fraternal y la unidad de la acción revolucionaria pueden asegurar la victoria de la clase trabajadora. El movimiento obrero comunista sólo puede vencer como movimiento comunista internacional.

La necesidad de la lucha internacional del proletariado ha sido reconocida hace ya mucho tiempo. Hacia la mitad del siglo pasado, poco antes de la revolución de 1848, existía ya una organización internacional secreta, la Liga de los Comunistas, capitaneada por Marx y Engels. En el Congreso que celebró en Londres esta organización, Marx y Engels recibieron el encargo de redactar un «manifiesto». Así nació el *Manifiesto comunista*, en el que los grandes e ilustres luchadores del proletariado expusieron por primera vez la doctrina comunista.

En 1864 se fundó la Asociación Internacional de los Trabajadores, o sea la I Internacional, dirigida por Karl Marx. La I Internacional agrupaba muchos directores del movimiento obrero de varios países, pero le faltaba unidad y homogeneidad. Además, no se apoyaba todavía sobre grandes núcleos obreros y, por tanto, parecía más bien una asociación internacional para la propaganda revolucionaria. En 1871 los miembros de la I Internacional tomaron parte en la insurrección de los trabajadores parisienses (Comuna de París). En los años siguientes comenzaron las persecuciones contra los grupos adheridos a la Internacional. En 1874 se disolvió la I Internacional, después de las luchas intestinas entre los partidarios de Marx y los de Bakunin. Después de la desaparición de la I Internacional, paralelamente con el desarrollo de la industria, comenzaron a surgir los partidos socialdemócratas. La necesidad de un apoyo mutuo se hizo pronto sentir. En 1889 se reunió un Congreso internacional de los representantes de los partidos socialistas de los diversos países. Allí surgió la II Internacional, que se disgregó al comienzo de la guerra mundial. Las causas de su fracaso las expondremos más tarde.

Ya en el *Manifiesto comunista*, Karl Marx lanzaba su célebre: «¡Proletarios de todos los países, unios!» Dicho manifiesto termina con las siguientes palabras: «Los comunistas no pretenden ocultar sus opiniones y propósitos. Declaran abiertamente que sus fines no pueden realizarse sino con el derrumbamiento violento del actual orden social. Tiemblen las clases dominantes ante la revolución comunista. Los proletarios no tienen que perder más que las cadenas y un mundo entero que ganar. ¡Proletarios de todos los países, uníos!»

La solidaridad internacional no es para los obreros un juego o una bella palabra, sino una necesidad vital, sin la cual la clase obrera estaría condenada a la derrota.

36. Descomposición de la II Internacional y sus causas

Cuando comenzó la guerra, en agosto de 1914, los partidos socialdemócratas de todos los países se pusieron al lado de sus gobiernos y apoyaron con su conducta la carnicería infame. Sólo el proletariado ruso y serbio, y más tarde el italiano, declararon la guerra a la guerra de sus gobiernos. Los diputados socialistas de Francia y Alemania votaron los créditos de guerra de sus gobiernos. En vez de alzarse todos juntos contra la burguesía criminal, los partidos socialistas se dispersaron, cada uno bajo la bandera del propio gobierno burgués. La guerra imperialista contó con el apoyo de los partidos socialistas, cuyos directores renegaron y traicionaron el socialismo. La II Internacional tuvo un fin vergonzoso.

Es bastante curioso el hecho de que la prensa y los dirigentes de los partidos socialistas, poco antes de su traición habían condenado la guerra. G. Hervé, el traidor del socialismo francés, escribía en su periódico *La Guerra Social* (que luego se llamó *La Victoria*): «¡Batirse para salvar el prestigio del Zar...! ¡Qué alegría morir por una causa tan noble!»

El partido socialista francés, tres días antes de la guerra, publicó un manifiesto contra la guerra, y los sindicalistas franceses dijeron en su periódico: «¡Obreros: si no sois unos miserables cobardes, protestad!» La socialdemocracia alemana convocó numerosos mítines de protesta. Todavía estaba reciente la decisión del Congreso Internacional de Basilea. En esa decisión se decía que en caso de guerra se debían emplear todos los medios «para que el pueblo se rebelara y acelerara la derrota del capitalismo». Pero ya el día de la declaración de guerra los mismos partidos y los mismos directores escribían sobre la necesidad de defender la patria (es decir, al estado-bandido de la propia burguesía), y *Arbeiter Zeitung*, de Viena, afirmaba que había que «defender a la humanidad teutona».

Para comprender la disolución y la deshonrosa muerte de la II Internacional no debemos olvidar las condiciones bajo las cuales se desarrolló el movimiento obrero antes de la guerra. Hasta entonces el capitalismo de los países europeos y el de los Estados Unidos se desarrollaban a expensas de las colonias, donde se manifestó en su aspecto más brutal e inhumano. Valiéndose de todos los medios de explotación, de rapiña, de engaño y de violencia, se arrebató a los pueblos coloniales valores que produjeron grandes ganancias al capital financiero europeo y americano. Cuanto más fuerte y potente era un trust capitalista estatal en el mercado mundial, tanto mayores eran los provechos que se embolsaba de la explotación de las colonias. Esta sobreganancia le permitía conceder a sus esclavos asalariados una merced superior a la normal. Se comprende que esto no era a todos, sino sólo a los obreros especializados. Estos estratos de la clase obrera fueron corrompidos con el dinero del capital. Dichos obreros se hacían este razonamiento: «Si nuestra industria posee mercados en las colonias africanas, esto es una ventaja para nosotros. La industria se desarrollará, la ganancia de los patronos aumentará y también habrá algo para nosotros». Así el capital conseguía encadenar a sus esclavos asalariados a su propio carro.

Las masas obreras no estaban habituadas —pues no habían tenido ocasión— a mantener una lucha en una escala internacional. La actividad de sus organizaciones, en la mayor parte de los casos estaba circunscrita al territorio del estado de la propia burguesía. Y esta «propia» burguesía supo ganarse una parte de la clase obrera para su política colonial. Los directores de las organizaciones obreras, la burocracia sindical y los representantes parlamentarios, que ocupaban puestos más o menos cómodos y estaban habituados a una actividad «pacífica» y «legal», cayeron en los amorosos brazos de la burguesía. En Europa y en América, la industria progresaba rápidamente, y la lucha de la clase obrera asumía formas más o menos pacíficas. Grandes revoluciones no se habían verificado desde 1871 (a excepción de Rusia).

Todos se habían familiarizado con el pensamiento que el capitalismo, en el porvenir, evolucionaría pacíficamente. Cuando se hablaba de la guerra futura, nadie lo tomaba en serio. Una parte de los obreros, y entre ellos los directores, se hacían cada vez más a la idea de que la clase obrera estaba interesada en la política colonial y que, por lo mismo, debía secundar las iniciativas y las acciones de la propia burguesía, encaminadas al desarrollo y prosperidad de «los intereses de toda la nación». Como consecuencia de esto empezaron a afluir, en la socialdemocracia, masas pequeño-burguesas.

Por esto no tiene nada de extraño que, en el momento decisivo, la adhesión al estado imperialista pudiera más que la solidaridad internacional de la clase obrera.

La causa primordial del fracaso de la II Internacional fue debido al hecho de que la política colonial y la posición monopolista de los mayores trusts capitalistas estatales ligaba a los obreros y, sobre todo a las aristocracias de la clase obrera, al estado imperialista.

En la historia del movimiento obrero encontramos otros casos en que los obreros cooperaban con sus explotadores, como, por ejemplo, en los tiempos en que el obrero y el patrono comían en una misma mesa. Entonces el obrero consideraba el taller de su patrono como suyo; el patrono no era para él un enemigo, sino el «que le daba trabajo». Sólo con el transcurso de tiempo, los obreros de las diversas fábricas comenzaron a unirse contra todos los patronos.

Ha sido necesaria la guerra para que la clase obrera se haya dado cuenta de que no le conviene secundar la política del propio estado burgués, sino que su deber es destruir en bloque estos estados burgueses e instaurar la dictadura proletaria.

37. EL MITO DE LA DEFENSA DE LA PATRIA Y DEL PACIFISMO

La traición de los dirigentes de los partidos socialistas y de la II Internacional era el pretexto del deber de la «defensa nacional».

Ya hemos visto que en una guerra imperialista ninguna de las grandes potencias «se defiende», sino que todas atacan. El espejuelo de la defensa nacional era simplemente un engaño que tenían los dirigentes para cubrir su traición.

Consideremos el problema en toda su amplitud. En realidad, ¿qué es la patria? ¿Qué se entiende bajo este término? ¿Una agrupación de hombres que hablan la misma lengua? ¿O una nación? Ninguna de las dos cosas. Tomemos a Rusia por ejemplo. Cuando la burguesía se jactaba de defender la patria no pensaba en un territorio poblado por una sola nación, no; pensaba en el territorio de toda Rusia, habitado por varios pueblos. ¿Qué se trataba entonces de defender? No otra cosa sino el poder estatal de la burguesía y de los latifundistas rusos. A defender este poder estatal fueron llamados los obreros y campesinos rusos (en realidad, lo que defendieron fue el extender este dominio hasta Constantinopla y Cracovia). Cuando la burguesía alemana levantó gran polvareda en torno a la defensa de la «patria», ¿de qué se trataba? En este caso también del poder de la burguesía alemana, del agrandamiento de las fronteras del canallesco imperio de los Hohenzollern.

Debemos, por tanto, preguntarnos si tiene verdaderamente la clase obrera una patria bajo el dominio del capital. En este asunto, Marx se expresó terminantemente en el *Manifiesto comunista*: «Los obreros no tienen patria.» ¿Por qué? Por la sencilla razón de que bajo el capitalismo no disponen de ningún poder, puesto que todo el poder se halla en manos de la burguesía y porque en la sociedad capitalista el estado no es más que un medio de opresión de la clase obrera. La clase obrera tiene el deber de destruir y no de defender el estado de la burguesía. El proletariado tendrá patria cuando haya conquistado el poder del estado y sea dueño del país. Sólo entonces el proletariado tendrá la obligación de defender su patria, porque al hacerlo defenderá en realidad su propio poder y su propia causa, y no el poder de sus enemigos y la causa de sus opresores.

Esto que hemos dicho la burguesía lo comprende perfectamente, y lo vamos a demostrar con los siguientes hechos. Cuando el proletariado ruso conquistó el poder, la burguesía rusa declaró la guerra al propio país, aliándose con cuantos le ofrecieron apoyo: alemanes, japoneses, ingleses, americanos y sí hubiera podido, hasta con el diablo. ¿Por qué? Pues porque ella había perdido en Rusia el poder, su patria de opresión y explotación burguesa. Lo mismo ocurrió en Hungría. También allí la burguesía hablaba de defensa de la patria mientras el poder se encontró en sus manos, pero no tuvo ningún inconveniente en aliarse con los enemigos de ayer, los rumanos, los checoeslovacos y con la Entente para ahogar a Hungría proletaria.

Esto quiere decir que la burguesía comprende muy bien su negocio. Llama en nombre de la patria a todos los ciudadanos para que le defiendan el poder burgués y condena por alta traición a los que no lo hacen, pero no siente ningún escrúpulo si se trata de combatir la patria proletaria.

El proletariado debe aprender de la burguesía. Debe destruir la patria burguesa y no defenderla ni contribuir a su engrandecimiento, Pero en cambio tiene el deber de defender su patria proletaria hasta deramar la última gota de su sangre.

Nuestros adversarios nos podrán objetar: «Reconocéis que la política colonial y el imperialismo han contribuido al desarrollo de la industria de los grandes estados y que algunas migajas de la ganancia han ido a parar a la clase obrera. ¿No se deduce de aquí que conviene defender al propio patrono y ayudarle en la lucha con sus competidores?» Esto es absolutamente falso. Pongamos el ejemplo de dos industriales: Schulz y Petrov, dos encarnizados competidores. Supongamos que Schulz dijera a sus obreros: «¡Amigos, defendedme con todas vuestras fuerzas! Causadle todos los daños que podáis a la fábrica de Petrov, a su persona, a sus obreros, etc. Así yo arruinaré a Petrof, mi negocio prosperará y marcharé viento en popa. Vosotros tendréis un aumento de salario.» Petrov cuenta la misma historia a sus obreros.

Supongamos que Schulz vence en esta lucha. Es posible que al principio conceda algún aumento de salario a sus obreros; pero más tarde se reirá de todas sus propias promesas. Si los obreros de Schulz, forzados a la huelga, apelan a la solidaridad de los obreros de Petrov, estos últimos les podrán responder: «¿A qué acudís a nosotros? Antes nos jugasteis una mala pasada, pues aguantaros ahora». Al no poder efectuarse una huelga común, la desunión de los obreros refuerza la posición del capitalista. Estos, después de haber vencido a los competidores, vuelven sus armas contra los obreros desunidos. Es verdad que los obreros de Schulz han obtenido con el aumento de salario una pequeña ventaja efímera; pero más tarde pierden hasta esta pequeña conquista. Lo mismo pasa en la lucha internacional. El estado burgués representa una asociación de propietarios. Cuando una de esas asociaciones quiere enriquecerse a expensas de otra, encuentra el medio de obtener el consentimiento de los obreros con dinero.

El fracaso de la II Internacional y la traición de los dirigentes tuvo lugar porque éstos estaban dispuestos a «defender» al estado burgués para conseguir algunas migajas que cayeran del banquete de los patronos. Pero durante la guerra, cuando por consecuencia de la traición, los obreros estaban divididos ya, el capital se cebó en ellos con violencia feroz. Los obreros comprendieron que sus cálculos habían fracasado, y se dieron cuenta de que los dirigentes les habían vendido por poco dinero. Con este reconocimiento comienza el renacimiento del socialismo. Las primeras protestas surgieron de las filas de los obreros no especializados y mal pagados. Los elementos de la aristocracia obrera y los viejos dirigentes todavía continuaron algún tiempo haciendo el juego de la burguesía.

Otro medio de engañar y desviar a las masas, además del citado de la defensa burguesa, era el llamado pacifismo. ¿Qué entendemos bajo este término? La concepción utópica de que ya en la sociedad capitalista, sin revoluciones y sin insurrecciones del proletariado, pueda instaurarse el reino de la paz sobre la tierra. Bastaría establecer tribunales arbitrales, abolir la diplomacia secreta, realizar el desarme —limitando los armamentos al principio—, etc., etc., para que todo anduviese a maravilla.

El error fundamental del pacifismo es el de creer que la burguesía pueda jamás aceptar cosas de este género, como el desarme, etc. Es cosa perfectamente absurda querer predicar el desarme en la época del imperialismo y de la guerra civil. La burguesía continuará armándose, a pesar de los piadosos deseos de los pacifistas. Si el proletario desarma o no se arma se expondrá sencillamente a ser aniquilado. En esto precisamente consiste el engaño de las ideas pacifistas, cuya finalidad es apartar a la clase obrera de la lucha armada por el comunismo.

El mejor ejemplo del carácter engañador del pacifismo lo tenemos en la política de Wilson y sus 14 puntos, que, bajo el manto de los más nobles ideales, esconden el robo mundial y la guerra civil contra el proletariado. De qué infamias sean capaces los pacifistas nos lo muestran los siguientes ejemplos: el ex presidente de los Estados Unidos y uno de los fundadores de la Unión pacifista americana, William Howard Taft, es, al mismo tiempo, un rabioso imperialista; el conocido fabricante de

automóviles americanos, Ford, mientras organizaba expediciones enteras a Europa para propagar el
pacifismo, se embolsaba centenares de millones de
dólares de ganancias de la guerra, pues todos sus establecimientos trabajaban para la guerra. A. Fried,
en su *Manual del pacifismo* (II volumen, pág. 149), ve
la «hermandad de las naciones», entre otras cosas,
en la campaña imperialista conjunta contra China
en 1900. He aquí lo que escribe en esta ocasión:
«La empresa china mostró la influencia de las ideas
de paz en los acontecimientos contemporáneos. Ha
demostrado la asociación internacional de los ejércitos. Los ejércitos unidos actúan como una fuerza
mundial bajo el mando de un generalísimo europeo.
Nosotros, los amigos de la paz, vemos en este generalísimo mundial (el conde Waldersee, nombrado
por Guillermo II) sólo al precursor de ese estadista
mundial que será capaz de realizar nuestro ideal por
medios pacíficos.»

El bandolerismo cooperativo explícito se considera aquí como «hermandad de las naciones». Es
como servir a la ladrona Liga de los Capitalistas bajo
la salsa de la Sociedad de Naciones.

38. LOS SOCIALPATRIOTAS

Los conceptos engañosos con que la burguesía in-
toxicaba día a día los cerebros de las masas proletarias por medio de su prensa (periódicos, revistas,
folletos), se convirtieron también en axiomas para
los traidores del socialismo.

Los viejos partidos socialistas, en casi todos los
países, se dividen en tres corrientes: los traidores

desvergonzados, pero sinceros, o socialpatriotas; los traidores inconfesos, o centristas, y, por último, los que siguieron fieles al socialismo. De este último grupo surgieron más tarde los partidos comunistas.

Se mostraron como socialpatriotas (es decir, como predicadores de odio de naciones bajo la bandera del socialismo, como colaboradores de la política de bandidaje de los estados burgueses y esparcidores del engaño de la defensa nacional) los jefes de casi todos los antiguos partidos socialistas; en Alemania: Scheidemann, Ebert, Heine, David y otros; en Inglaterra: Henderson; en América: Samuel Gompers; en Francia: Renaudel, Albert Thomas, Jules Guesde y directores sindicales como Jouhaux; en Rusia: Plejánov, Potrenov y los socialrevolucionarios de derecha (Breschko-Breschovskaja, Kerenski y Cernov); en Austria: Rener, Seitz y Víctor Adler; en Hungría: Garami, Buchinger y otros.

Todos ellos eran partidarios de la «defensa» de la patria burguesa. Algunos de ellos se mostraron abiertamente como colaboradores de una política de rapiña, declarándose favorables a las anexiones de territorios extranjeros, a las indemnizaciones de guerra y a la conquista de colonias (socialimperialistas). El manifiesto de Plejánov fue pegado en todas las esquinas de Rusia por orden del ministro zarista Chvostov. El general Kornilov nombró a Plejánov ministro de su Gabinete. Kerenski (socialrevolucionario) y Zeretelli (menchevique) ocultaron al pueblo los tratados secretos del zar. Después de las jornadas de julio, el proletariado de Petrogrado fue perseguido por ellos de un modo sangriento. Los socialrevolucionarios y mencheviques tomaron parte en el Gobierno de Kolchak. Rosanov era un espía de Judenic. En una palabra: ellos fueron siempre aliados de la burguesía en defensa de la patria de sus señores y para aniquilamiento de la patria sovietista del proletariado.

Los socialpatriotas franceses tomaron parte en gobiernos de guerra (Guesde, Albert Thomas), dieron su apoyo a todos los planes anexionistas de los aliados, aprobaron la intervención armada para sofocar la revolución proletaria en Rusia. Los socialpatriotas alemanes tomaran parte en el Gobierno de Guillermo (Scheidemann), ayudaron al imperialismo alemán a sofocar la revolución finlandesa y a despojar a Ucrania y a la gran Prusia. Miembros del partido socialdemocrático alemán (Winnig en Riga, por ejemplo) dirigieron los combates contra los obreros rusos y letones. Los socialpatriotas asesinaron a Karl Liebknecht y a Rosa Luxemburgo y ahogaron en sangre las insurrecciones de los obreros comunistas de Berlín, Hamburgo, Leipzig, Múnich, etc. Los socialpatriotas húngaros apoyaron al gobierno monárquico y más tarde traicionaron a la República de los sóviets. En una palabra, en todos los países se han mostrado como los verdugos de la clase obrera.

Cuando Plejánov todavía era revolucionario, escribió en el periódico *Srkra*, que aparecía en el extranjero, que el siglo XX, al cual estaba reservado la realización del socialismo, sería lo más probable que viera una profunda escisión en el campo socialista, y una grande y encarnizada lucha entre las dos fracciones. Lo mismo que en los tiempos de la Revolución francesa del 1987-93, el partido revolucionario radical (La Montaña) hizo la guerra civil contra el partido moderado y más tarde contrarrevolucionario (La Gironda), sucederá también en el siglo XX, cuando los compañeros de un tiempo se encuentren en dos campos adversarios, porque una parte de ellos habrá pasado al campo de la burguesía.

Esta profecía de Plejánov se ha realizado plenamente; ahora bien, él no podía sospechar que los acontecimientos le colocarían del lado de los traidores.

Los socialpatriotas (u oportunistas) se convirtieron en enemigos declarados de la clase proletaria. En la gran revolución mundial combaten en las filas de los blancos contra los rojos, en estrecha amistad con militaristas, capitalistas y latifundistas. Es innegable que el proletariado debe llevar contra ellos, como contra la burguesía, de quien son instrumentos, una lucha sin cuartel.

Los residuos de la II Internacional, que tratan estos partidos de reavivar, no son en el fondo más que una oficina de Sociedad de las Naciones, un arma de la burguesía en su lucha contra el proletariado.

39. El «Centro»

Esta corriente debe su nombre al hecho de estar colocada entre los comunistas y los socialpatriotas. A esta corriente pertenecen en Rusia los mencheviques de izquierda, con Martov a la cabeza; en Alemania, el partido socialista independiente, con Kautsky y Ledebour; en Francia, el grupo Longuet; en América, el partido socialista americano, con Hilquith; en Inglaterra, una parte del Partido Socialista Británico y el Partido Independiente del Trabajo, etc.

Al iniciarse la guerra, toda esa gente, de acuerdo con los socialpatriotas, estaban por la defensa nacional y contra la revolución. Kautsky escribía entonces que la cosa más terrible era «la invasión enemiga», y que sólo después de la guerra se podría volver a empezar la lucha contra la burguesía. En tiempo de guerra, la Internacional, según Kautsky, no tenía nada que hacer. Después de la «conclusión de la paz» el señor Kautsky, al ver que todo estaba destruido, dijo que no era el caso de pensar en el socialismo. En resumen: durante la guerra no hay que luchar, porque la lucha no tendría objeto y conviene dejarla para el tiempo de la paz; pero, por otra parte, tampoco en tiempo de paz se debe luchar, porque hace falta reconstruir lo que la guerra ha destruido. La teoría de Kautsky es, como se ve, la filosofía del nulismo y de la impotencia absoluta que adormece y paraliza las energías del proletariado. Mas lo más grave es que Kautsky inició en el período revolucionario una furibunda campaña contra los bolcheviques.

Él, que ha olvidado las enseñanzas de Marx, condena duramente la dictadura proletaria, el terrorismo, etc., sin darse cuenta de que con esto ayuda al terror blanco de la burguesía. Sus esperanzas son en el fondo las de todos los pacifistas (tribunales arbitrales, etc.), sin distinguirse en nada de cualquier pacifista burgués.

La política del «Centro» consiste substancialmente en que oscila impotente entre la burguesía y el proletariado, pisándose sus propios talones al querer conciliar lo inconciliable, y acaba por traicionar al proletariado en los momentos decisivos. Durante la revolución de octubre los centristas rusos (Martov y Cia.) deploraban la violencia de los bolcheviques, tratando de reconciliar a todos, ayudando con esto a las guardias blancas y debilitando al proletariado en su lucha. El partido menchevique ni siquiera expulsó a aquellos de sus miembros que habían tomado parte en las conjuras de los generales y les habían prestado servicios de espionaje. En los días más críticos para el proletariado, los centristas organizaron agitaciones y huelgas a favor de la Constituyente y contra la dictadura proletaria.

Durante la ofensiva de Kolchak algunos de estos mencheviques lanzaron la orden de poner fin a la guerra civil (Pleskov). Los «independientes» de Alemania, durante las insurrecciones proletarias de Berlín, desempeñaron el papel de traidores, contribuyendo con sus tentativas conciliadoras a la derrota de la clase obrera; además, entre los independientes muchos fueron culpables de colaboración con los scheidemannianos.[7] Pero lo más esencial es que no hacen ninguna propaganda por la insurrección de las masas contra la burguesía, y sólo se dedican a embrollar al proletariado con palabras pacifistas. En Francia y en Inglaterra, los centristas «condenaron» la contrarrevolución, «protestaron» de palabra contra la intervención en Rusia, pero revelaron su absoluta incapacidad de llevar a las masas a la acción.

Actualmente, los centristas son tan perjudiciales como los socialpatriotas. También los centristas y «kautskianos» se esfuerzan por infundir nueva vida al cadáver de la II Internacional y en llevar a cabo una «reconciliación» con los capitalistas. Es evidente que sin una ruptura definitiva y una encarnizada lucha contra ellos, la victoria sobre la contrarrevolución es imposible.

Las tentativas de reconstruir la II Internacional fueron hechas bajo la benévola protección de la Sociedad de las Naciones, en vista de que los socialpatriotas son hoy realmente los últimos puntales del

7 Partidarios de Philipp Scheidemann, primer canciller de la República de Weimar

orden social capitalista en descomposición. La guerra imperialista pudo durar cinco años, gracias a la traición de los partidos socialistas. Los antiguos partidos socialistas son para el proletariado el mayor obstáculo en la lucha para el aniquilamiento del capital. Durante la guerra los partidos de los socialtraidores repetían lo que la burguesía les mandaba. Concluida la paz de Versalles y constituida la Sociedad de las Naciones, los supervivientes de la II Internacional (socialpatriotas y centristas) hicieron suyas las palabras lanzadas por la Sociedad de las Naciones. La Sociedad de las Naciones, con la II Internacional, acusa a los bolcheviques de terrorismo, de violación de la democracia y de «imperialismo rojo». En lugar de llevar una lucha a fondo con los imperialistas, los socialpatriotas y centristas toman por bandera las estúpidas palabras esas.

40. La Internacional Comunista

Los socialpatriotas y centristas durante la guerra hicieron suyas, como vimos, las teorías de defensa de la patria (burguesa, de la organización estatal de los enemigos del proletariado). De aquí que se concluyera con la burguesía la «paz civil», que significó la sumisión completa del proletariado al estado burgués. Quedó abolido el derecho de huelga y de protesta contra la burguesía criminal. Los socialpatriotas declararon: primero hay que vencer a los «enemigos exteriores», y luego ya veremos. Con este proceder quedaron los obreros de todos los países abandonados al arbitrio de la burguesía. Pero algunos grupos de socialistas honrados comprendieron desde el principio de la guerra que la «defensa de la patria» y la «paz civil» atarían de pies y manos al proletariado, y que esto constituiría, por tanto, una verdadera traición hacia la clase obrera. El partido bolchevique declaró ya en 1919 que se imponía, no la paz interna con la burguesía, sino la guerra civil contra ella, esto es, que la revolución era el primer deber del proletariado. En Alemania, el grupo fiel a la causa del proletariado estaba capitaneado por Rosa Luxemburgo y Karl Liebknecht (el grupo Internacional), Este grupo declaró que lo primordial era la solidaridad internacional del proletariado. Poco tiempo después, Karl Liebknecht llamó al proletariado a la insurrección armada contra la burguesía. Así nació el partido de los bolcheviques alemanes, el «Spartakusbund» (Liga Espartaco). También se produjeron escisiones en los partidos de otros países. En Suiza se formó el llamado Partido Socialista de Izquierda; en Noruega la izquierda conquistó todo el partido. Los socialistas italianos durante la guerra mantuvieron siempre alta la bandera de la Internacional.

Sobre ese terreno surgieron tentativas de unificación, que en la conferencia de Zimmerwald y de Kienthal echaron el germen, del que más tarde nació la Internacional Comunista. Pero pronto se vio que se habían insinuado elementos sospechosos de «centrismo» que trataban de frenar el movimiento. Por esta razón, en el seno de la unión internacional de Zimmerwald se formó la «izquierda zimmerwaldiana», capitaneada por el compañero Lenin. La izquierda zimmerwaldiana era partidaria de una acción decisiva, y criticaba duramente la conducta del «centro», guiada por Kautsky.

Después de la Revolución de octubre y la instauración del poder soviético, Rusia se convirtió en el punto de apoyo principal del movimiento internacional. Para distinguirse de los socialtraidores el partido volvió a adoptar el antiguo nombre glorioso de Partido Comunista. Bajo la influencia de la revolución rusa se formaron partidos comunistas en muchos países. La Liga Espartaco cambió su nombre por el de Partido Comunista de Alemania. Se constituyeron partidos comunistas en Hungría, en Austria alemana, en Francia y en Finlandia. En América el «centro» expulsó a la izquierda, que se constituyó en partido comunista. En otoño de 1919 se fundó el Partido Comunista de Inglaterra. De la unión de estos partidos surgió la Internacional Comunista. En marzo de 1919 tuvo lugar en el Kremlin, el antiguo palacio del zar en Moscú, el primer Congreso Internacional Comunista, donde se fundó la Internacional Comunista. En este Congreso tomaron parte representantes de los partidos comunistas ruso, alemán, austriaco, húngaro, sueco, noruego, finlandés y de otras naciones, además de algunos compañeros franceses, americanos e ingleses.

El Congreso aceptó por unanimidad la plataforma programática de los compañeros alemanes y rusos.

El desarrollo y progreso de esta Internacional ha demostrado claramente que el proletariado está firmemente decidido a seguir la bandera de la dictadura proletaria, del poder socialista y del comunismo.

La III Internacional tomó el nombre de Internacional Comunista en recuerdo de la unión de los comunistas, cuyo jefe fue Karl Marx. Con su acción, la Internacional Comunista ha demostrado seguir las normas de Marx, o sea seguir el camino revolucionario que conduce al derrumbamiento violento del orden capitalista.

Nada tiene de extraño que todo cuanto hay verdaderamente honrado y revolucionario en el proletariado se adhiera a la nueva Internacional, que junta todas las fuerzas de la vanguardia proletaria.

La Internacional Comunista demuestra ya con su nombre no tener nada de común con los socialtraidores. Marx y Engels opinaban que no estaba bien que un partido del proletariado revolucionario se llamara «socialdemocracia». El término «democracia» denota una determinada forma estatal. Como ya hemos dicho antes, en la sociedad futura no existirá ninguna forma de estado. En cambio, en el período de transición debe imperar la dictadura del proletariado. Los traidores de la clase obrera no consiguen superar la república burguesa, mientras que nosotros nos movemos en dirección a la realización del comunismo.

Engels dice en el prefacio al *Manifiesto comunista* que bajo el término «socialismo» (en su tiempo) se entendía el movimiento de los intelectuales radicales, mientras el término «comunismo» denotaba el movimiento de la clase obrera. Hoy se repite el mismo fenómeno. Los comunistas se apoyan exclusivamente en la clase obrera, mientras que los socialdemócratas tienen su base en la aristocracia obrera, en los intelectuales, en el artesano y en el pequeño burgués.

La Internacional Comunista traduce la doctrina de Marx en realidad histórica, depurándola de todas las excrecencias que el período de pacífico desarrollo del capitalismo le había añadido. Lo que el gran maestro del socialismo predicaba hace sesenta años, se realiza hoy bajo la dirección de la Internacional Comunista.

Hay letras que se quedan en la memoria
y se quedan, como esta descorcertante
malagueña del Perote:

Dice el refrán verdadero:
'Ande hay yeguas, potros nacen'
Dice el refrán verdadero:
'Alante no hay que apurarse'
Buenas noches, caballero
Por ser la primera, pase.

¿Por qué? Pues en Madrid, a 23 de agosto de 2024 seguimos sin tener ni idea.
Qué le vamos a hacer: hay recuerdos
desahuciados.